本书受国家社科基金（13CTJ011）及"中央高校基本科研业务费专项资金"（the Fundamental Research Funds for the Central Universities）（20720181088）资助。

国家级开发区
经济运行的动态评价
—— 基于统计方法的研究

刘云霞 著

厦门大学出版社 国家一级出版社
XIAMEN UNIVERSITY PRESS 全国百佳图书出版单位

图书在版编目(CIP)数据

国家级开发区经济运行的动态评价：基于统计方法的研究/刘云霞著.—厦门：
厦门大学出版社,2022.1
（厦门大学社科学术前沿丛书）
ISBN 978-7-5615-8481-1

Ⅰ.①国…　Ⅱ.①刘…　Ⅲ.①技术开发区—经济运行—研究—中国　Ⅳ.①F127.9

中国版本图书馆 CIP 数据核字（2021）第 271989 号

出 版 人	郑文礼
责任编辑	江珏玙
美术编辑	李嘉彬
技术编辑	许克华

出版发行	厦门大学出版社
社　　址	厦门市软件园二期望海路 39 号
邮政编码	361008
总　　机	0592-2181111　0592-2181406(传真)
营销中心	0592-2184458　0592-2181365
网　　址	http://www.xmupress.com
邮　　箱	xmup@xmupress.com
印　　刷	厦门市金凯龙印刷有限公司

开本	720 mm×1 020 mm　1/16
印张	12.5
插页	2
字数	205 千字
版次	2022 年 1 月第 1 版
印次	2022 年 1 月第 1 次印刷
定价	58.00 元

本书如有印装质量问题请直接寄承印厂调换

厦门大学出版社
微信二维码

厦门大学出版社
微博二维码

导　言

　　早在 2008 年 4 月 1—6 日,科技部就颁布了《国家高新区评价指标体系》,按分类指导的原则,全面启动新时期国家高新区评价工作。2013 年科技部印发《国家高新技术产业开发区创新驱动战略提升行动实施方案》[①],对国家高新区评价指标体系进行修订,进一步加强对国家高新区的考核评价工作,全面反映园区创新综合实力。自此科技部根据《国家高新技术产业开发区评价指标体系(修订版)》,每年对国家高新区进行评价考核。根据科技部要求,评价工作分为:知识创造和技术创新能力(权重 30%)、产业升级和结构优化能力(权重 30%)、国际化和参与全球竞争能力(权重 20%)、高新区可持续发展能力(权重 20%)四大模块共计 40 个统计指标。

　　2012 年 7 月,国家召开全国科技创新大会,印发了《关于深化科技体制改革加快国家创新体系建设的意见》[②],明确提出建立全国创新调查制度。从 2013 年年初开始,科技部按照《国务院办公厅关于深化科技体制改革加快国家创新体系建设意见任务分工的通知》要求,会同各部委研究制订了《建立国家创新调查制度工作方案》[③],并据此制定发布了《国家高新区创新能力评价指标体系》[④]。该指标体系包括 5 个方面的内容:创新资源集聚(权重 20%)、

---

　　① 科技部火炬中心:http://www.most.gov.cn/gxjscykfq/wj/201509/t20150902_121498.htm。
　　② 科技部:http://www.most.gov.cn/kjzc/gjkjzc/gjkjzczh/201308/t20130823_108132.htm。
　　③ 中国政府网:http://www.gov.cn/jrzg/2012-09/23/content_2231413.htm。
　　④ 科技部:http://www.most.gov.cn/cxdc/cxdcgzwj/201311/P020131129321184378207.pdf。

创新创业环境(权重 20%)、创新活动绩效(权重 25%)、创新的国际化(权重 10%)、创新驱动发展(权重 25%)。每个方面又分别有 5 个指标,因此共计 25 个二级指标。科技部在 2014 年发布了《国家高新区创新发展报告 2013》[①],并从 2016 年开始连续三年发布了《国家高新区创新能力评价报告》。

总体上看,科技部每年对国家高新区的综合评价和创新能力评价对于高新区的发展完善具有重要的借鉴意义和指导意义。但从评价方法看,还存在以下局限:第一,无论是对国家高新区的综合评价还是创新能力评价,其方法都相对简单。如运用大量的描述统计、时间序列分析方法(如计算增长速度、发展速度等)和综合评价方法(如对各一级和二级指标利用熵权法赋权或通过专家头脑风暴赋予固定权重,最后进行综合评价)对各国家高新区进行了各方面的横向对比和排名。第二,这两套评价体系中的部分指标是定性指标,还有一些指标是科技部火炬中心根据国家高新区企业统计报表和国家高新区的综合报表收集到的,这些指标对于普通研究者而言是很难全部获取并收集起来的。因而如果仅利用公开的数据资料是无法根据这两套指标体系对国家高新区的综合实力和创新能力进行评价的。第三,科技部对于国家高新区的这两套评价体系主要是对某一年度国家高新区综合实力和创新能力开展的评价和排名。

本书开展的针对国家高新区经济运行的评价研究不同于上述的综合评价,旨在从一个较长时期对这两种国家级开发区的经济运行进行动态评价。这种评价,首先基于较长时期的数据,以反映国家高新区各个方面运行轨迹和发展趋势。探寻各国家高新区较长时期经济运行的路径变化,并从经济规模、经济效益、创新投入及创新产出等不同角度来分析和评价这种路径变化的优劣。其次,基于公开资料可获取的数据构建指标体系。由于公开数据通常具有连续性的特征,有利于在一个较长时期内对国家高新区经济运行开展评价和分析。最后,选用的方法是基于面板数据的统计方法,包括多元统计分析方法和计量经济学方法,目的是探究国家高新区经济运行趋势的变化及其相似

---

① 科技部火炬中心.国家高新区创新发展报告 2013 [M].北京:科学技术文献出版社.

性,将各国家高新区进行梯队的划分,探究国家高新区创新绩效的影响因素及创新效率。

同样,在现有国家级经开区的评价中也面临相似的问题。目前关于国家级经开区经济运行的评价主要是由商务部开展的国家级经开区综合发展水平考核评价。这一评价是对前一年所有国家级经开区从产业基础、科技创新、区域带动、生态环保、行政效能等方面的发展情况进行全面量化评价。通过查阅相关资料发现,《中国开发区年鉴》自 2012 年就不再发布了。《中国商务年鉴》中关于国家级经开区经济运行的相关数据指标,只包含全部国家级经开区的地区生产总值、第二产业增加值等 8 个经济指标,这些经济指标之间还存在较明显的相关关系。部分省份的统计年鉴如《北京区域统计年鉴》《山西统计年鉴》等也仅涉及本地区各类型经开区的统计数据。在这种情况下,本书利用现有的可获取的较长时期的指标数据,开展国家级经开区经济运行的动态评价。同时对国家级经开区经济指标的数据质量进行了分析,尽可能实现对国家级经开区经济运行相对全面的把握。

本书的主要工作有以下几方面:第一,利用面板数据加权聚类的分析方法从经济规模的视角对我国国家级高新区进行动态评价。第二,通过面板数据的加权多维标度分析方法将我国国家高新区间经济效益发展变化的相似性可视化,据此划分梯队,以展现不同梯队国家高新区经济运行的特点。第三,利用时间序列聚类与面板模型相结合的方法,探索国家高新区创新绩效的影响因素及影响程度。第四,将状态空间模型和门槛模型相结合来探究我国各地区高技术产业影响因素对创新绩效影响的动态轨迹及关键拐点。第五,通过主成分分析和动态时间规整相结合的面板数据聚类方法分析国家级经开区经济运行质量的动态变化,从而清晰地了解不同梯队的国家级经开区发展趋势的异同。第六,将 Benford 法则和逐步回归模型相结合的检测面板数据质量的方法,用于探测我国国家级经开区主要经济指标的数据质量。

本书的章节安排如下:第一章是引言,第二章到第八章研究国家高新区经济运行质量,第九章到第十章研究国家级经开区,第十一章是总结。在此特别感谢王夏琼和邹玉凤同学,协助完成了本书第七章和第八章的内容。需要说明的是,书中部分章节主要是从统计方法的角度开展的分析研究,这些方法也适用于其他宏观经济领域的动态评价。另外，本书是本人各时期研究内容的汇总，因此书中各章的研究时期不尽相同，有些章节完稿较早，数据并未更新，但其中的分析方法仍可借鉴。

目　录

第一章　引　言

一、研究背景和意义

　　国家级开发区是指由国务院批准的在城市规划区内设立的经济技术开发区、保税区、高新技术产业开发区、国家旅游度假区等实行国家特定优惠政策的各类开发区。在改革开放的过程中,国家级开发区在提升我国科技实力、增强我国产品和服务的国际竞争力、促进国民经济增长和地方经济发展等方面发挥了十分重要的作用。

　　在各类国家级开发区中,对提升国家科技实力和产品竞争力有重要作用的当属经济技术开发区和高新技术开发区。其中,国家级经济技术开发区(简称国家级经开区)是指由国务院批准成立的开发区,它有着特定的定位、统一的政策制度及权限。国家高新技术产业开发区(简称"国家高新区")是为最大限度把科技成果转化为现实生产力而建立起来的集中区域,它以智力密集和开放环境条件为依托,通过实施高新技术产业的优惠政策和各项改革措施,在依靠国内科技和经济实力的基础上,充分吸收和借鉴国外先进科技资源、资金和管理手段,从而实现软硬环境的局部优化。1984 年首批国家级经开区设立,1988 年首批国家高新区设立。经过三十多年的发展,国家高新区在创新资源聚集、科技企业成长、创新成果涌现等方面取得了长足进步。国家高新区和国家级经开区在我国国民经济增长和地方经济发展中起到了举足轻重的作用。在这种情况下,如何对国家级经开区和国家高新区等国家级开发区的经济运行质量进行科学评价,受到了政府、研究机构和企业等社会各界的关注。在现有的政府主导的评价体系中,存在着评价指标不连续、评价方法静态、基础数据不公开等问题。

本书基于国家级经开区和国家高新区较长时期经济运行的数据特征,对这两种国家级开发区开展评价研究。一方面,通过研究面板数据形式的评价方法,为各领域具体场景下类似的应用提供有益的方法借鉴。另一方面,对国家级经开区和国家高新区各方面的发展评价和分析,有助于认清国家级开发区在经济运行中存在的一些问题,从而能够更好地发挥其功能作用。

二、研究框架和内容安排

本书的内容主要分为两大部分,第一部分是从经济规模、经济效益、创新绩效等角度对国家高新区的经济运行进行动态评价研究。在此部分,考虑到国家高新区是我国各地区高新技术产业发展的最为主要的战略力量,本书还从地区高技术产业的角度分析了影响创新绩效的因素及影响路径。第二部分是对国家级经开区经济运行的评价研究。由于目前相关年鉴中可获取的数据有限(只有8个绝对指标),因此本书除对国家级经开区的经济运行进行分析和评价外,还将重点关注国家级经开区经济数据质量问题。本书的研究内容安排如下:

第一章是引言。介绍了选题背景和意义、研究目的和动机,展示了课题的研究框架和内容安排。

第二章是国家高新区概述。主要介绍了国家高新区的发展历程,并对国家高新区在二十年间的综合发展成果、贡献及作用进行了基本的统计分析。另外,本章基于研发经费的来源和使用与美国、日本、英国等发达国家进行了国际比较。

第三章是地区间国家高新区发展的比较分析。主要内容有两个,一是构建国家高新区经济运行的评价指标体系,为国家高新区的经济运行评价提供基础。此部分还介绍了构建国家高新区经济运行质量综合评价指标体系的出发点、目的、具体的指标构成及含义。二是将我国国家高新区按照东北部、东部、中部和西部四个区域进行划分,基于所构建的指标体系运用描述统计分析的方法,对区域间国家高新区的经济效益、科研效率等进行了比较,以发现不同区域国家高新区发展的特点。

第四章是从经济规模视角对国家高新区经济运行进行动态评价。主要是利用基于面板数据的加权聚类分析方法对国家高新区经济运行的动态进行相似性研究,并利用这种动态相似性对国家高新区划分梯队。根据同一梯队内部和不同梯队间国家高新区的特征分析,在一定程度上达到评价经济运行质量的目的。

第五章是从经济效益的角度对国家高新区的经济运行进行动态评价。主要是利用基于变量相关性的面板数据加权多维标度分析方法反映国家高新区间经济效益的时变性特点并将其可视化,以获得较为合理的梯队划分结果。

第六章是国家高新区创新绩效影响因素的动态研究。本章主要是从创新绩效的角度,对国家高新区经济运行进行分析。为了解决构建面板模型时样本间异质性不明显从而无法构建面板模型的问题,本章首先利用时间序列聚类的方法,将国家高新区按照它们创新绩效指标变化趋势的相似性进行分类,之后对各个类分别构建面板模型,以找出影响国家高新区创新绩效变化的影响因素及其影响程度。

第七章是我国高技术产业创新绩效影响因素的动态研究。鉴于各国家高新区和各地高技术产业间具有不可分割的关系,本章主要是对我国各地区高技术产业创新绩效开展动态比较研究。利用状态空间模型和门槛模型有机结合的思路,找出各影响因素对创新绩效影响的动态轨迹以及轨迹改变的关键点,从而为国家高新区和高技术产业的健康运行提供一定的参考。

第八章是我国国家高新区创新效率的动态评价。主要内容是通过 DEA-Malmquist 指数法测算我国国家高新区一个较长时期内的创新效率,从时间和空间两个维度上研究我国高新区创新效率的动态变化,并分析其收敛性。

第九章是国家级经开区经济运行的动态分析。首先借助统计数据对我国国家级经开区的发展历程及空间分布进行了描述。根据国家级经开区的数据特点,利用基于主成分分析和动态时间规整相结合的面板数据聚类方法,反映国家级经开区经济运行的动态相似性,并据此划分梯队,展示各梯队高新区经济运行的特点。

第十章是国家级经开区经济数据的质量检测。主要是将 Benford 法则与逐步回归模型相结合,对我国国家级经开区一段时期内经济数据的质量进行检测。

第十一章总结。本章首先总结了全书内容,然后基于分析结果阐述了国家级开发区经济运行过程中出现的问题及相应的建议,最后提出了本书的不足并对下一步将要开展的研究工作进行展望。

第二章　我国国家高新区发展概述

一、我国国家高新区综合发展概况

　　20 世纪 80 年代硅谷的成功引发了世界各国建立高新区的热潮。我国结合世界经济形势和国情做出了建设高新区的战略抉择。我国国家高新区自开始创办经历了三个阶段：第一，创办成立期（1988—1991 年）。1988 年 5 月国务院批准第一个国家高新区建立——北京市新技术产业实验开发区（现中关村科技园区）。两年后，国务院批准建立武汉东湖、南京、西安、天津、深圳等 26 个国家高新区。第二，成长调整期（1992—2007 年）。从 1992 年开始，国务院逐步批准成立了常州、苏州、无锡、宝鸡、昆明等 25 个国家高新区。而后陆续组建以国家高新区为基础的火炬计划软件产业基地，批准建立我国第一个国家农业高新区——杨凌高新区。至 2007 年，我国国家高新区已有 54 个，国家高新区的整体布局基本完成。科技部原部长徐冠华于 2001 年 9 月提出"二次创业"，从此便有了国家高新区创业阶段之分。第三，繁荣发展期（2008 年至今）。在第二阶段的基础上，国家高新区深化改革。2009 年开始，原先的省级高新区批量升级为国家高新区，如泰安、宜昌、济宁等 41 家国家高新区。到 2016 年，我国国家高新区的总数已达 146 家。

(一)成长调整期开始发展势头强劲

我国国家高新区自成长调整期开始发展势头强劲,在促进经济发展、推动扩大就业、提升自主创新、促进高技术产业发展、技术扩散等方面都发挥着积极作用,为我国经济发展做出了巨大贡献。图 2-1 展示了反映国家高新区规模实力的两个重要指标——工业总产值和营业收入在 1995—2016 年的基本情况。

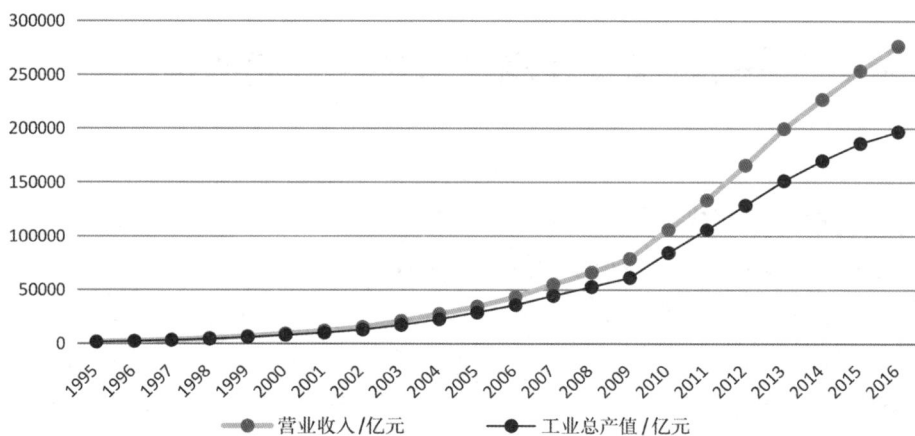

图 2-1 1995—2016 年国家高新区营业收入和工业总产值变化趋势

从图 2-1 可以看到,我国国家高新区的工业总产值从 1995 年的 1 402.6 亿元,增长到了 2016 年的 196 838.7 亿元,增长了近 140 倍;营业收入从 1995 年的 1 529 亿元,增长到了 2016 年的 276 559.4 亿元,增长了近 181 倍。尤其是自 2009 年开始,省级高新区批量升级为国家高新区之后,工业总产值和营业收入实现了更加快速的增长。

图 2-2 展示了反映国家高新区社会贡献的净利润、上缴税额和出口总额三个指标在 1995—2016 年的基本情况。

从图 2-2 可以看出,净利润从 1995 年的 107.4 亿元,增长到了 2016 年的 18 535.1 亿元,增长了近 173 倍;上缴税额从 1995 年的 69 亿元,增长到了 2016 年的 15 609.3 亿元,增长了近 227 倍;出口总额从 1995 年的 29.3 亿美

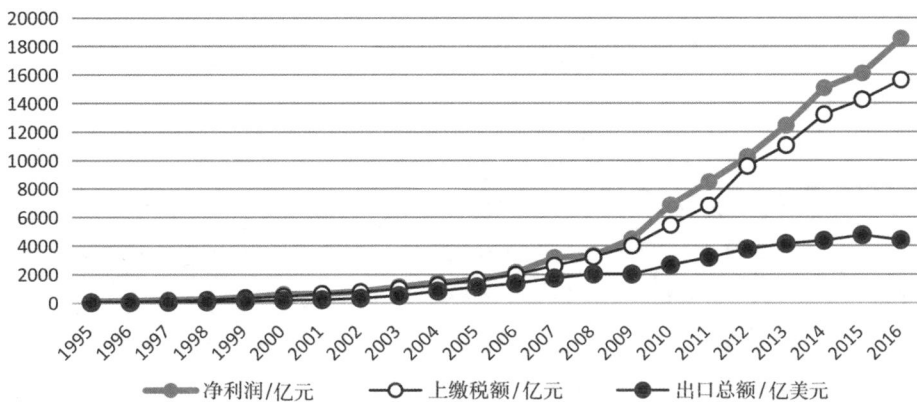

图 2-2　1995—2016 年国家高新区净利润、上缴税额、出口总额情况

元,增长到了 2016 年的 4 389.5 亿美元,增长了近 150 倍。虽然二十年来国家
高新区整体发展态势较好,但从图中也可以看出,国家高新区的发展还是受到
了金融危机的影响,自 2009 年开始出口总额的发展速度减缓。综合其他 4 个
经济规模指标的发展情况来看,2009 年开始国家高新区的经济增长由外需拉
动逐渐向内需拉动转变。

(二)繁荣发展期我国国家高新区的特点

1.国家高新区整体发展态势较好

增长速度是反映国家高新区发展态势的重要指标。有质量的增长往往是
良好的经济效益和可持续发展能力的体现。通过 2007—2016 年国家高新区
营业收入、工业总产值、净利润、上缴税额和出口总额等经济规模指标的增长
速度,来展现国家高新区自国际金融危机后的整体发展态势,见图 2-3。

图 2-3 中反映了 5 个经济规模指标 10 年来的增长速度。可以看出,各项
指标的增长速度在 2009 年到 2010 年有比较大的提升,而从 2010 年以后有比
较明显的下降,多数时期各指标的增长速度都很高,究其原因主要是与增长速
度的计算有关。增长速度计算时采用的是当年指标的绝对数值与前一年该指
标绝对数值之比。我们注意到,2010 年国家高新区扩展到了 83 家,有 27 家

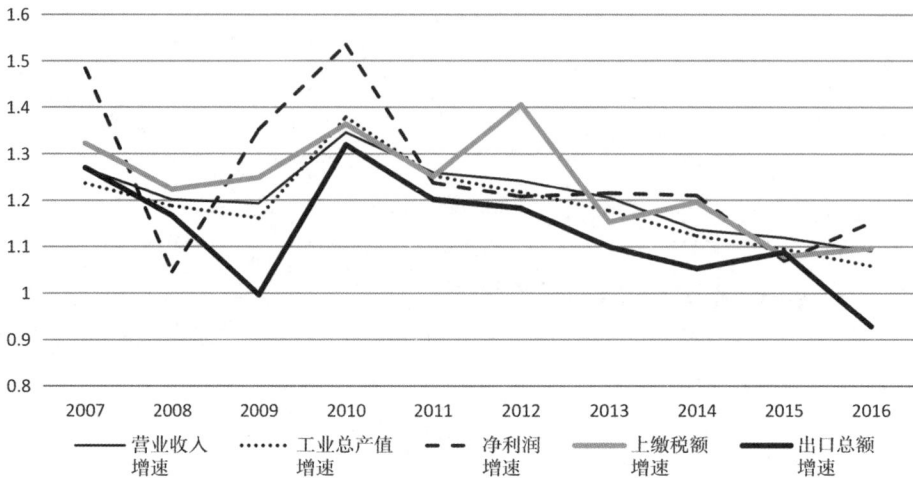

图 2-3 2007—2016 年我国国家高新区主要经济指标增速

省级高新区升级为国家高新区,因此,2010 年的增长速度比较高。2015 年国家高新区扩展到了 146 家,当年有 31 家省级高新区升级为国家高新区,是自2009 年以后升级规模最大的一年,但由于近几年整体经济增速放缓,这些指标的增长速度没有明显上升。

为合理比较国家高新区各项指标的增长速度,这里计算了剔除当年新升级高新区后各项指标的增长速度,见表 2-1。

表 2-1 2010—2014 年剔除当年新升级高新区后的各项指标的增长速度

年份	剔除当年新升级高新区个数	营业收入增速/%	工业总产值增速/%	净利润增速/%	上缴税额增速/%	出口总额增速/%
2010	56(93—新 27)	23.5	23.9	40.2	24.4	23.4
2011	83(88—新 5)	23.6	22.7	22.2	23.2	18.6
2012	88(105—新 17)	19.1	15.7	15.7	29.4	16.0
2013	105(114—新 9)	17.8	14.9	19.1	13.7	8.3
2014	114(115—新 1)	13.4	12.2	20.9	19.5	5.2

从表 2-1 可以看出,在剔除了当年新升级的高新区后,2010 年原 56 家国家高新区各项指标的增长速度均有回落,营业收入、工业总产值、净利润、上缴

税额和出口总额的增速分别从 34.5%,37.9%,53.5%,36.4% 以及 31.9% 回落至 23.5%,23.9%,40.2%,24.4% 及 23.4%,但仍处于较高的增长区间。自 2010 年之后,各项指标的增长速度呈现逐年下降趋势,特别是出口总额增速在 2013 年已经降到了个位数。这种趋势和我国经济增长从高速增长转为中高速增长,以及出口形势日趋复杂、对经济增长的拉动作用放缓等情况相一致。

2.国家高新区支撑国民经济健康运行

我国国家高新区的发展,有两个主要价值目标:一是助力国家和地方的经济增长;二是提升国家和地方的创新能力。近几年国家高新区的经济增长实现了平稳较快发展。

(1)国家高新区对国家国民经济增长的贡献

国家高新区对国民经济增长的贡献可以通过国家高新区上缴税额占全国税收收入的比重、出口总额占全国外贸出口总额的比重以及园区 GDP 占全国 GDP 的比重等三个指标来反映(见图 2-4)。其中,出口总额是出口商品或劳务而取得的外汇收入是反映一个国家和地区经济实力、产品和服务国际竞争力的关键性指标。

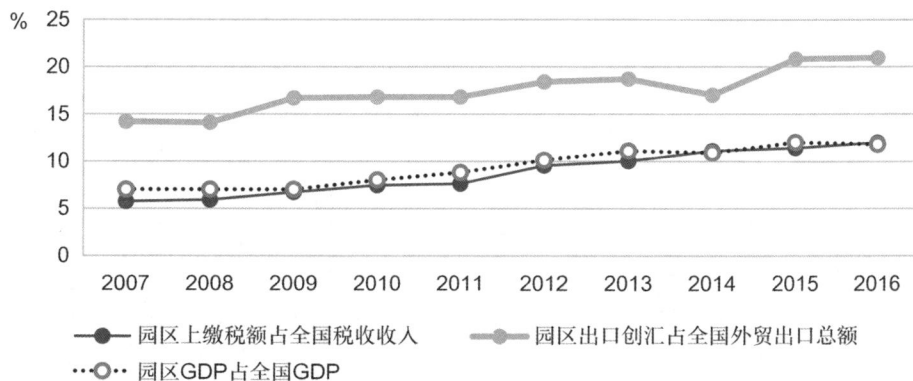

图 2-4　国家高新区近年来对我国国民经济增长的贡献

从图 2-4 中可以看出,国家高新区上缴税额占全国税收收入的比重和国家高新区 GDP 占全国 GDP 的比重自 2007 年开始均稳步增长,国家高新区对国民经济的支撑作用日益明显。国家高新区出口总额占全国外贸出口总额的比重在 2008 年之后出现了较长时间的上升,这主要是国际金融危机爆发后,虽然整体外部需求增速放缓,但作为具有产业优势和科技优势的国家高新区,其出口的产品往往是高附加值产品,具有较强的贸易国际竞争力,外需增速下降对其影响相对较小,国家高新区出口总额占全国外贸出口总额的比重相对而言会出现上升。2014年这一比重出现下降,一方面可能是由于国家高新区积极响应国家由出口拉动型经济向内需驱动型经济转型的长期经济发展战略,推动企业积极开拓国内市场;另一方面是受到那一时期人民币升值的影响,价格因素导致了高新区传统的电机、电气等产品出口增速下滑。此外,2015年国家高新区出口总额占全国外贸出口总额的比重也有大幅的提升,这主要是因为2015年有31家高新区升级为国家高新区。高新区的扩容,推动了外贸占比的提升。

(2)国家高新区对地方经济发展的贡献

各地国家高新区如果能够充分发挥辐射带动作用,就可以引领区域的科技创新与经济社会发展。这里采用2007—2016年国家高新区个数,以及国家高新区GDP占当地城市GDP比重20%以上的高新区个数来分析国家高新区对地方经济发展的贡献。具体如图2-5所示。

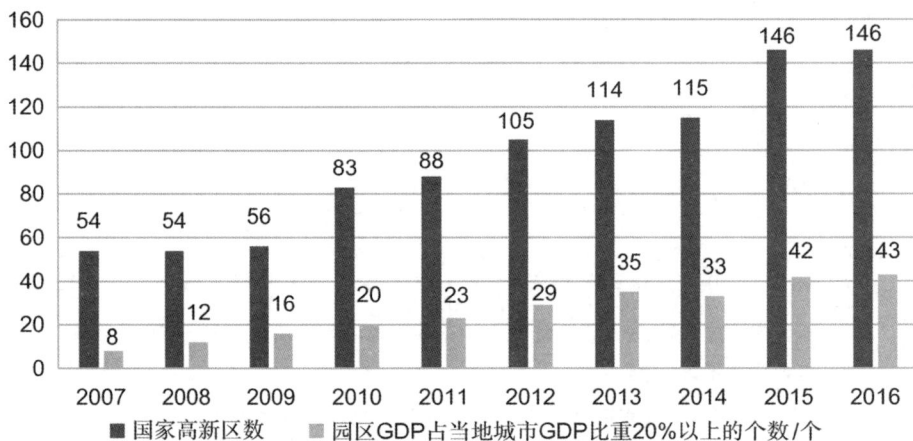

图 2-5 国家高新区个数及园区 GDP 占当地城市 GDP 比重 20％以上的个数

从图2-5可以看出,从工业增加值这个指标来看,国家高新区工业增加值在当地城市中所占份额逐步凸显。2007—2016年国家高新区中工业增加值占所在城市工业增加值比重达 20 % 的国家高新区数量逐年上升,在全部国家高新区中的数量占比也呈上升趋势。另外,一些经济总量较小的国家高新区对当地经济发展作用明显,为区域经济发展起到了积极推动作用,如杨凌国家高新区是以农业为特色的国家高新技术产业示范区。到 2016 年,146家国家高新区中高新区的园区生产总值占所在城市 GDP 比重达到 50% 以上的为 7 家,30% 以上的为 19 家,比重达到 20% 以上的为 43 家(程凌华等,2018)。

进一步按区域划分,2014—2016 年东北地区、东部地区、中部地区和西部地区各省国家高新区的经济贡献(由于自 2013 版起,《中国火炬统计年鉴》不再提供工业增加值的指标数据,因此这里经济贡献度=高新区工业总产值/地区生产总值)的变化趋势如图 2-6、图 2-7、图 2-8 所示。

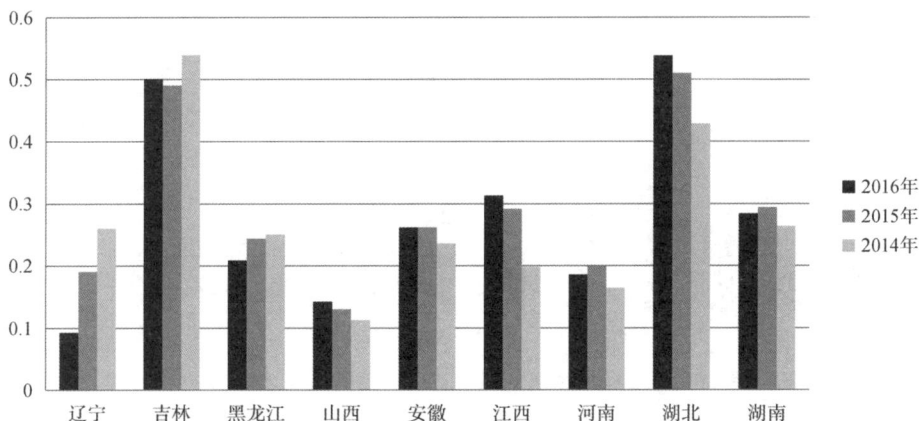

图 2-6　东北部和中部地区各省国家高新区工业总产值占所在地区 GDP 的比重

从图 2-6、图 2-7 和图 2-8 可以看出,各地区国家高新区的引领作用还是比较明显的。尤其是吉林省、湖北省和陕西省,其国家高新区的经济贡献度已经接近或者超过当地 GDP 的 50%。另外,东部地区的北京、上海、广东和江苏这四个省市的国家高新区经济贡献度也已经接近或超过 30%。相对而言,山西、河北、海南、内蒙古、青海、宁夏和新疆等省市国家高新区的引领作用不明显。这种现象可能是与每个省所拥有的国家高新区数目多少有一定的关系,如吉林省有 5 个国家高新区,湖北省和陕西省分别有 7 个国家高新区,而

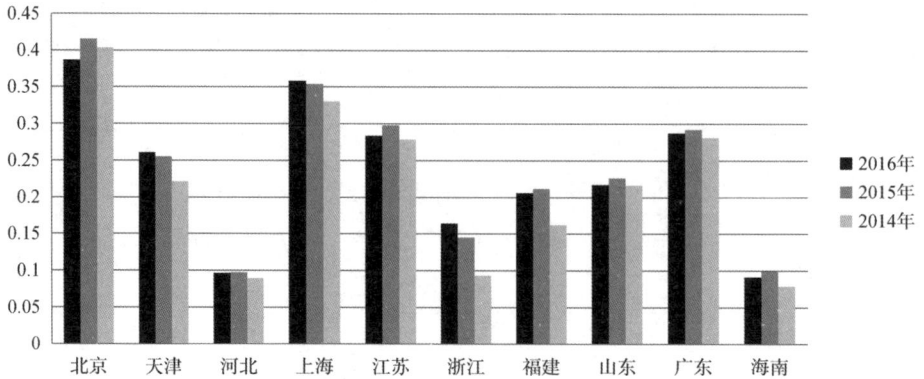

图 2-7　东部地区各省国家高新区工业总产值占所在地区 GDP 的比重

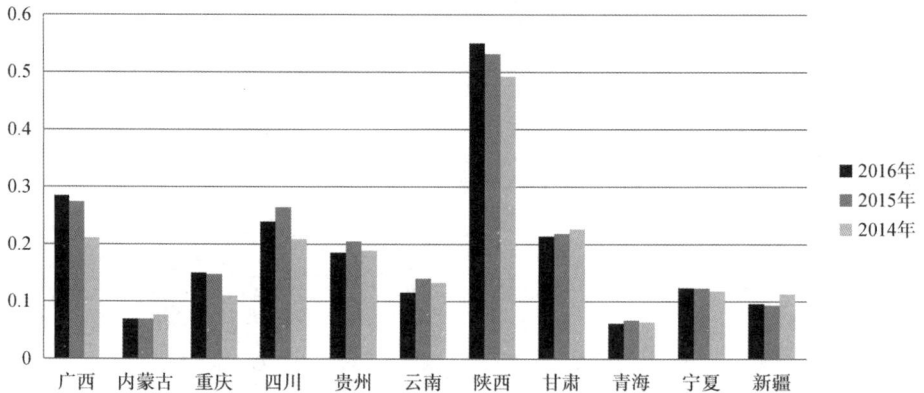

图 2-8　西部地区各省国家高新区工业总产值占所在地区 GDP 的比重

海南、青海都分别只有 1 个国家高新区,山西、内蒙古、宁夏分别只有 2 个国家高新区。同时,这些省份的经济结构中资源、农业等产业占比较高,也导致以新科技、新技术为代表的高新区经济贡献度较低。综合来看,国家高新区经济规模在所在地区有着举足轻重的地位,对所在地区经济发展的贡献度非常大,能够有力支撑地方国民经济的健康运行。

（3）国家高新区对促进就业的推动作用

随着我国国家高新区队伍的壮大,园区内入驻企业数的增加及企业规模的扩大,各国家高新区对人才的需求会急剧增加。这无疑将促进当地就业、保持社会稳定。从 1995—2016 年,国家高新区由 52 个发展至 146 个,入驻企业数从 12 980 个增长到了 91 093 个,年末从业人员数 99.1 万人增至 1 805.9 万人(见图 2-9)。

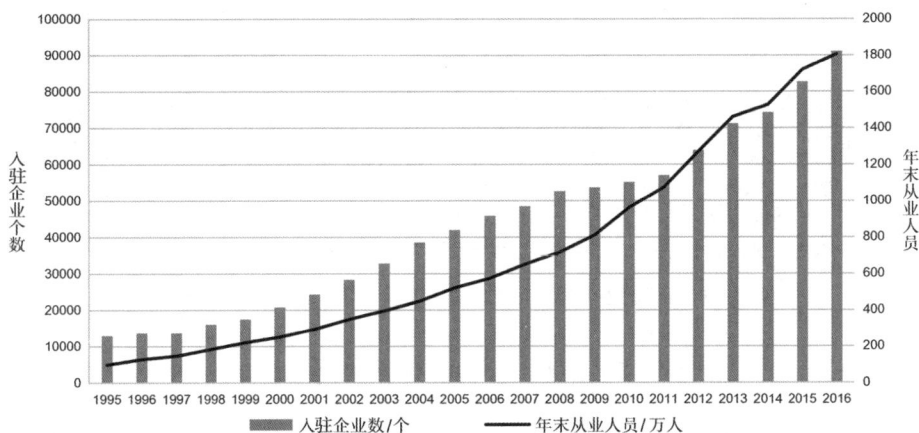

图 2-9　1995—2016 年我国国家高新区入驻企业数及年末从业人员数

近几年,国家高新区不仅为吸引就业人才提供了良好的渠道,对大学毕业生的吸纳能力也越来越强。2011—2016 年国家高新区吸纳应届高校毕业生分别为 44.1 万人、46.4 万人、48.6 万人、49.4 万人、50.7 万人及 53.9 万人。这既成为国家高新区的又一价值所在,也成为衡量国家高新区社会贡献能力的标准之一。国家高新区对于推动区域经济发展、促进当地就业、维护社会稳定都起到了积极作用。

3.国家高新区人力资本高效集约利用

国家高新区主要致力于高科技创新的发展方式,促进生产效率不断提升,产业结构不断优化。因此,我们需要从关注经济规模转变为关注经济质量和经济绩效。人力资本作为重要的生产要素,其生产效率成为生产要素是否集约利用的一个重要方面。在这里,人均营业收入、人均工业总产值等人均指标可以作为重要的参考指标。

图 2-10 从人均工业总产值、人均营业收入、人均净利润、人均上缴税额及人均出口总额五个方面反映了近几年我国国家高新区经济效益的增长情况。

从图 2-10 可以看出,我国国家高新区人均出口总额保持基本稳定,人均

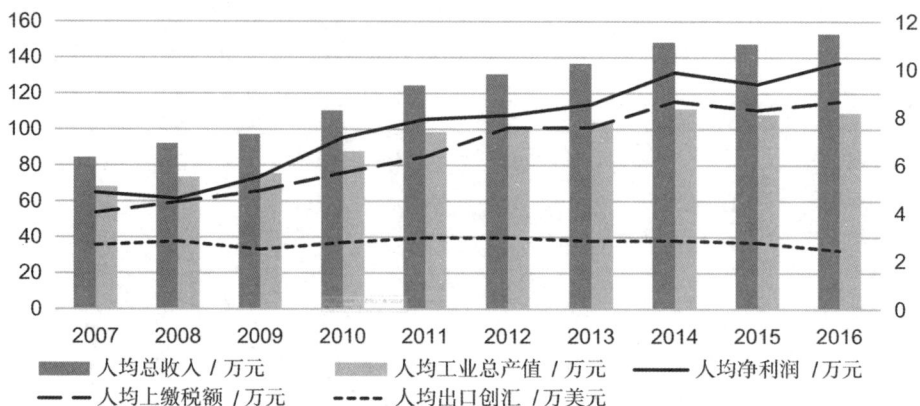

图 2-10 我国国家高新区 2007—2016 年经济效益增长情况

工业总产值、人均营业收入、人均净利润和人均上缴税额等四个指标都有不同程度的增长。这说明国家高新区经过几次扩容之后，虽然高新区数量和总体规模大幅增长，但并未出现边际指标递减的状况。在持续推动科技创新的发展方式、产业结构优化升级的同时，提升了生产效率。园区企业人均创造价值的能力也在不断增强，人均经济效益指标稳步上升。

4.国家高新区的自主创新能力稳步提高

自主创新力是企业通过技术资源积累、创新能力培育和研发活动而形成的长期竞争优势，是国家高新区竞争力的核心。国家高新区的自主创新能力不仅要考虑高新区的创新投入，更要考虑高新区的创新产出。其中创新投入包括人才投入和经费投入，创新产出包括技术收入和产品销售收入等。

（1）技术收入

技术收入是衡量高新技术企业自主创新力的重要标准，也是国家高新区自主创新力的重要体现。产品销售收入则是科技与经济紧密有效结合，高新技术产业化的重要体现。图 2-11 反映了 2007—2016 年国家高新区营业收入、产品销售收入、技术收入等产出指标。

从图 2-11 可以看出，我国国家高新区的营业收入、技术收入等指标都呈现稳定的增长趋势，技术收入在营业收入中占比稳中有升。2007—2016 年国家高新区企业技术收入占营业收入的比重分别为：7.09%、7.58%、7.52%、

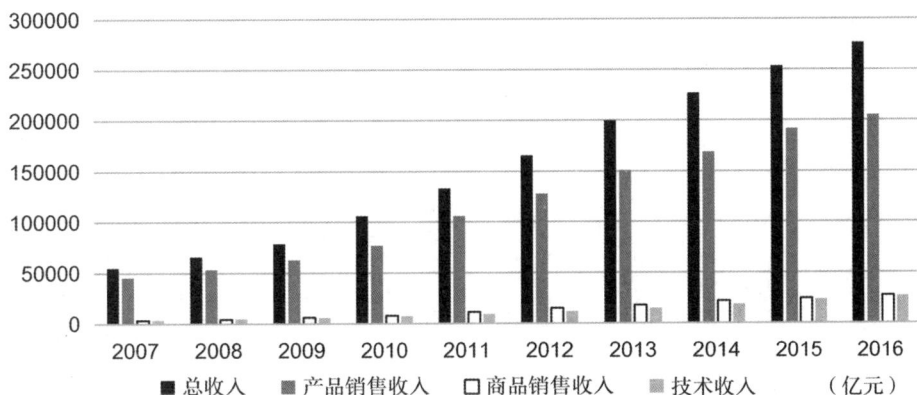

图 2-11　国家高新区技术收入等产出指标增长情况

7.59％、6.96％、7.2％、7.6％、8.3％、9.3％及 9.74％。稳定增长的技术收入能够表明技术创新的累积效应,而 2016 年技术收入占比由多年维持的 7％左右上升至 9.74％,可以说技术创新的累积效应有了实质性的转变。

（2）创新投入

高科技人才的投入以及科研经费的支出是影响高新区经济效益的重要因素。良好的创新环境和完善的服务平台能够有效地激励和支撑这些创新要素（人力资本、科技和研发经费的投入）向高新区汇聚。图 2-12 反映了我国国家高新区科技活动人员和科技活动经费增长情况。

从图 2-12 可以看出,国家高新区科技从业人员及研发投入呈现持续增加的趋势。国家高新区的科技从业人员持续增加,也从一个侧面反映出国家高新区的创业环境发挥了良好的就业减压作用。

（3）人力资本投入

国家高新区设立的目的是提升国家的科技创新能力,推动生产要素的有效整合,从而达到优化产业结构、提高生产效率、提高单位要素生产率的目的。国家高新区聚集了生物制药、信息科技、新材料、新能源等科技含量高的高新技术产业。在国家高新区的高技术产业中研发人才、科技人才、管理人才等各类人才大量聚集,为国家高新区发展提供智力支持,有助于形成知识的规模效应,从而生产出具有自主知识产权的具有核心竞争力的高科技产品。可见,人

15

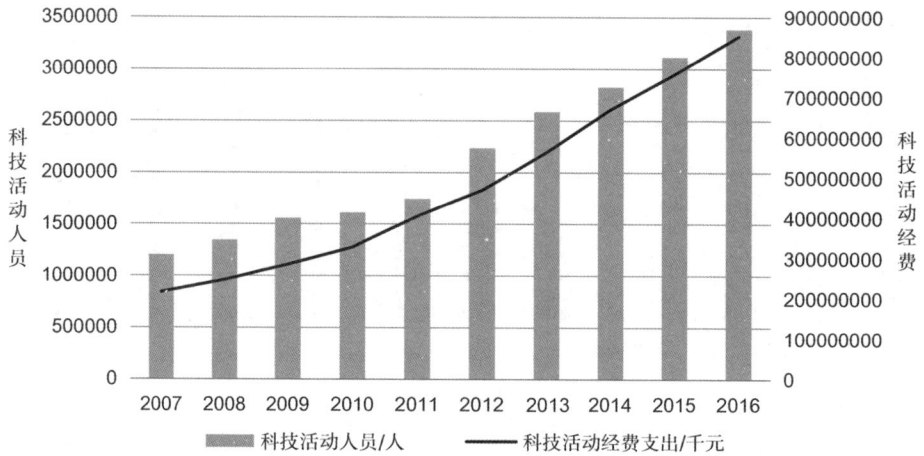

图 2-12 我国国家高新区科技活动人员和科技活动经费增长情况

注:《中国火炬统计年鉴》中 2007—2009 年为科技活动经费支出,自 2010 年改为科技活动经费内部支出。

才作为最重要的生产要素之一,是国家高新区持续发展的重要推动因素,是国家高新区综合实力持续增强的关键原因。图 2-13 反映了 2007—2016 年我国国家高新区的年末从业人员数、大专以上学历人员数以及中高级职称人员及其增速的情况。

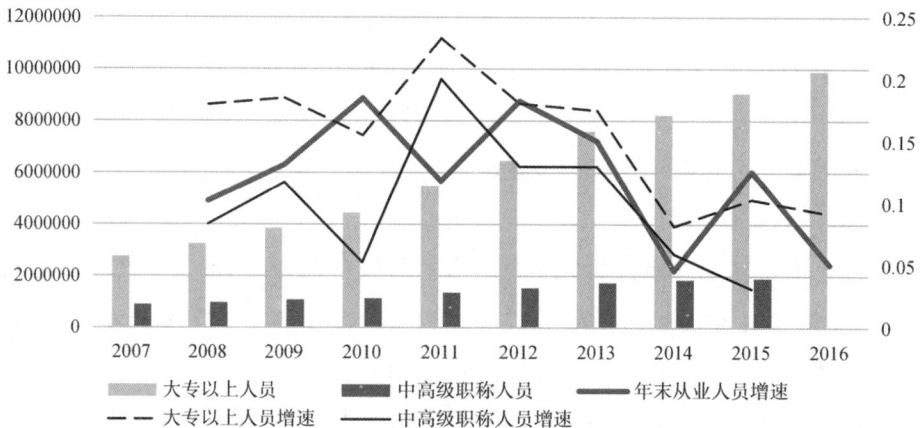

图 2-13 国家高新区从业人员素质情况

从图 2-13 可以看出,我国国家高新区从业人员素质不断提升。中高级职称及大专以上从业人员持续增加,其中大专以上从业人员 2007 年为 2 753 350人,到 2016 年已经达到 9 895 957 人,年均增速为 15.37 ％,且增长速度除2010 年和 2015 年外,均高于年末从业人员增速。中高级职称从业人员 2007年为 897 136 人,到 2015 年达到 1 911 542 人,年均增速为 10.03％,低于大专以上从业人员的增长速度,也低于年末从业人员增速。

2007—2016 年国家高新区大专以上及中高级职称在从业人员中的占比情况如表 2-2 所示。

表2-2　国家高新区大专以上及中高级职称在从业人员中的占比情况

年份	大专以上人员占比/％	中高级职称人员占比/％	年份	大专以上人员占比/％	中高级职称人员占比/％
2007	42.35	13.80	2012	50.95	12.20
2008	45.33	13.56	2013	52.04	11.98
2009	47.48	13.39	2014	53.82	12.14
2010	46.27	11.90	2015	52.74	11.12
2011	51.04	12.77	2016	54.80	—

注:《中国火炬统计年鉴》2017 版中已剔除"中高级职称人员"这个指标。

从表 2-2 可以看出,2010 年大专以上人员占比和中高级职称人员均比较小,2010 年之后大专以上人员占比有明显提升,而中高级职称的从业人员在国家高新区从业人员中所占比重较小,占比变化不大,增速也较慢。

但剔除当年新升级的国家高新区后,2013 年国家高新区从业人员中,具有本科以上学历和高级职称的从业人员分别为 449.4 万人和 51.9 万人,同比分别增长 16.0％和 14.3％,高于年末从业人员 11.9％;2014 年在剔除当年新升级的国家高新区后,本科以上学历和中高级职称的从业人员分别为 495.4万人和 185.3 万人,分别增长 10.1％和 5.8％,高于国家高新区从业人员 4.3％的增长速度。从 2015 年起,国家科技部开始统计国家高新区内从事科技活动人员数占比和本科以上学历从业人员数占比,这也说明国家高新区十分重视从业人员队伍整体的结构优化。

国家高新区 2016 年科技工作者的从业人数达到了 338.6 万人,占全部从业人数的 18.7%,与 2015 年相比占比提高了 0.6 个百分点;此外,国家高新区专业技术人员和技术工人总数达 811.7 万人,占全部从业人数的 44.9%;本科以上学历人员、研发人员和研发人员全时人员数分别为 607.5 万人、205.6 万人和 139.4 万人,与 2015 年相比,分别增长了 10.3%、17.2%、16.3%,上述增速均明显超出全部从业人员 2016 年 5.1% 的平均增长速度。

可以看出,高学历和研发人才的增长速率均高于从业人员的平均增速,特别是在剔除新升级的国家高新区的影响后,这一趋势更加明显。这种现象说明国家高新区加强了对高端人才的引进和创新人才的培养,使人员结构持续优化,国家高新区拥有一支稳定且不断增长的科技人才队伍。

(4)研发(R&D)经费投入

研究与发展(R&D)活动投入是推动技术创新和技术进步的源泉,是保证科学技术得以发展的必要条件和基础,也是推动我国经济转型的重要因素。高新技术产业的一个突出特征就是研发投入对形成产品竞争力起到基础作用和核心作用。研发经费内部支出的多少能够反映出国家高新区的科技实力。图 2-14 是我国国家高新区 2007—2016 年 R&D 经费内部支出、R&D 经费内部支出占产品销售收入比重、R&D 经费内部支出占全国企业 R&D 经费的比重的变化情况。

从图 2-14 可以看出,2009 年以后国家高新区的 R&D 经费支出总量一直保持稳定增长,从 2007 年的 1 348.8 亿元增长到了 2016 年的 5 379.88 亿元,年均增长 16.6%。R&D 经费内部支出占全国企业 R&D 经费支出的比重呈现出一定的上升趋势,R&D 经费内部支出占产品销售收入的比重较为稳定。但值得注意的是,R&D 经费与产品销售收入的占比一直维持在 2%~3%,而一些发达国家的 R&D 开支一般占销售收入的 10% 左右,可见,我国的研发经费投入还有很大的增长空间。

综上所述,历经三十年的发展,国家高新区依托强大的研发能力和科技成果转化率,实现了快速发展,具有良好的发展前景。在新时代的背景下,经济转型升级成为国家实现跨越式发展的必由之路。国家高新区在传统产业升级改造、引领科技发展、促进经济增长等方面的重要作用,是我国创新发展的最主要力量。

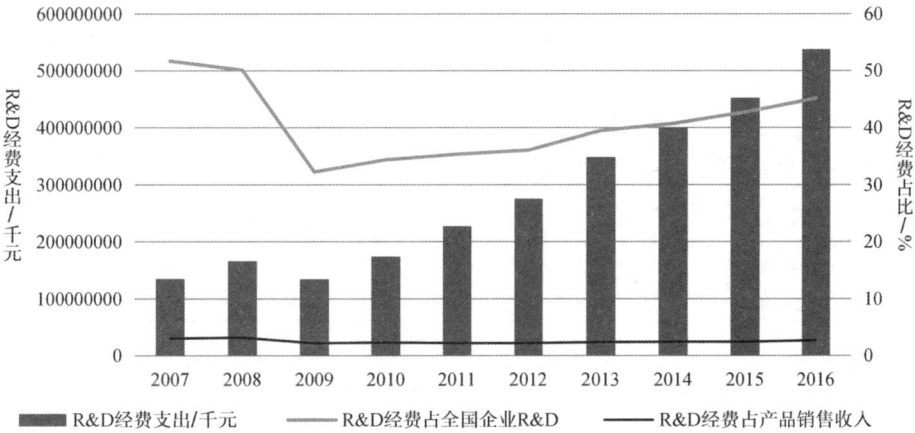

图 2-14　我国国家高新区 2007—2016 年 R&D 经费支出情况

注：《中国火炬统计年鉴》中 2007—2009 年为 R&D 经费支出，自 2010 年改为 R&D 经费内部支出。

二、我国研发活动的国际比较

从前述分析可知，我国国家高新区研发经费投入呈现了迅猛的增长趋势，研发经费的投入又进一步促进了我国国家高新区的发展和繁荣，但我国的研发经费投入和发达国家相比还有很大的增长空间。下面将我国与美、日、英、法等国家的研发经费在经费来源及经费使用等方面进行动态对比分析，以期通过国别比较，对我国国家高新区研发活动提供有益借鉴。（数据来源于《中国科技统计年鉴》）。

从图 2-15 可以看出，发达国家中研发投入强度最大的是日本，其次是美国和德国，这几个国家都属于制造业强国和科技强国。从我国情况看，在1995 年时我国的研发投入强度远落后于这几个发达国家。但我国的研发投入强度增长趋势明显，增长速度快于发达国家，至 2010 年已赶超英国，并在2015 年时逐渐接近法国，已达到中等发达国家的研发投入强度。从图中也不

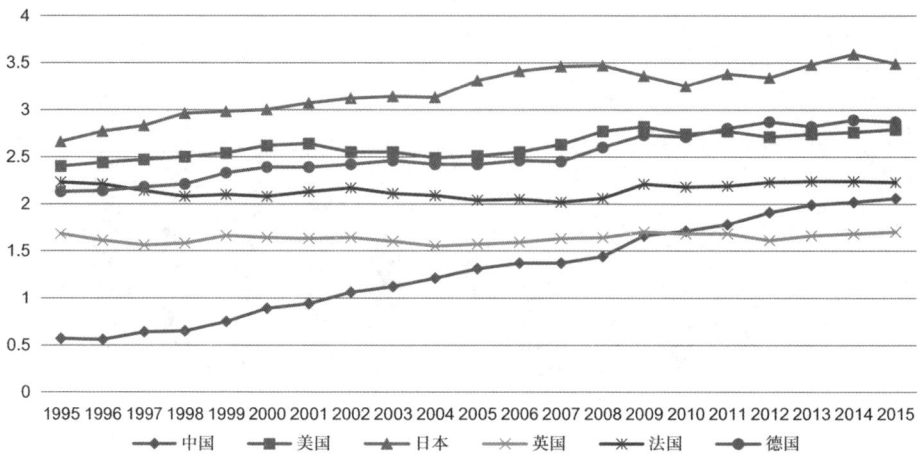

图 2-15　研发经费投入强度的国际比较

难发现,虽然我国的研发经费投入在逐年增长,但我国的研发投入强度离日本、美国、德国等发达国家还有较大差距。

关于研发经费的来源,这里将中国 2015 年和 2016 年研发经费来源和收集到的美国 2015 年、日本 2015 年、英国 2015 年及日本和德国 2014 年的研发经费的来源比例做成条形图,具体如图 2-16 所示。

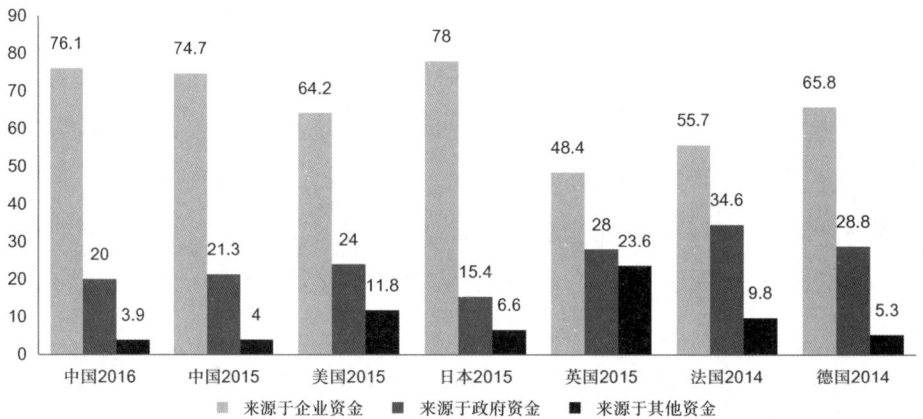

图 2-16　研发经费来源的国际比较

从图 2-16 可以看出,我国研发经费中来源于企业的经费比例在逐年增长,接近于企业资金占比最高的日本,并明显高于其他发达国家。而来源于政府的经费比例低于多数发达国家,且这一比例在 2016 年比 2015 年出现进一步降低。从其他发达国家来看,除日本外,其他国家的政府资金支持力度都要大于我国。由此可以看出,我国各级政府加大科学技术的财政支出还有很大操作空间。

由图 2-16 可知,我国的研发经费主要来源于企业,那么我国研发经费的去向又是如何呢?这里将我国 2016 年和 2015 年,其他五个发达国家 2015 年的研发经费去向作条形图进行比较,如图 2-17 所示。

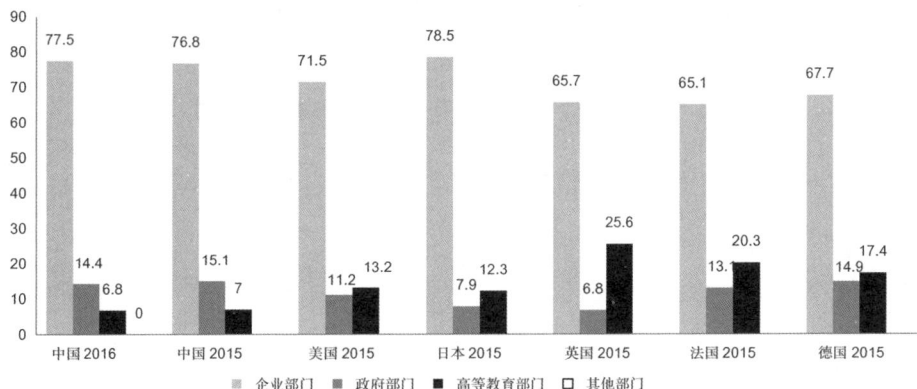

图 2-17　研发经费执行情况的国际比较

从图 2-17 可以看出,我国来自企业的研发经费大部分最后又都投入企业自身的研发中。我国的研发经费投到高等教育部门的比例是六个国家中最低的,且呈现下降的趋势。而美国、英国、法国等高等教育强国则是高等教育部门在研发经费的执行上占有比较高的比例。可以认为,这些国家在高等教育上研发经费的大量支出,成为支撑科技实力的重要因素。

进一步,对各国的研发经费投入所研究领域类型的比例作条形图,如图 2-18 所示。

从图 2-18 可以看出,在各个国家中,我国投入基础研究和应用研究中的经费比例很低,而其他发达国家投入基础研究上的经费比例普遍在两位数,投入应用研究上的经费比例最高为我国的 4 倍多。事实上,科技领域的许多重大进展都源于基础研究的成果,而应用研究则是基础研究和试验发展之间的桥梁。基础研究和应用研究上投入不足,成为我国科技领域发展的短板,因此

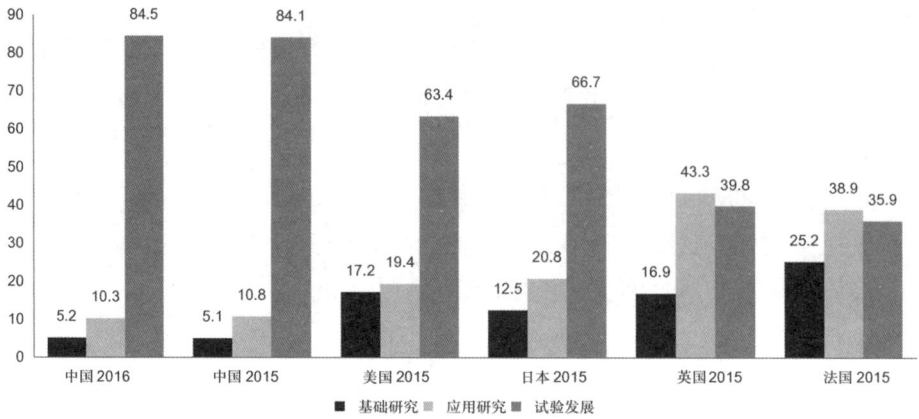

图 2-18   研发经费投入各研究类型的比例的国际比较

增加基础研究和应用研究的经费投入比例应该成为促进我国科技创新的一项
基础性和长期性战略。

<table>
<tr><td>第三章</td><td>国家高新区经济运行
质量体系构建及比较
分析</td></tr>
</table>

一、国家高新区经济运行质量评价指标体系的构建

（一）指标体系的构建及相关说明

　　本书意在加强对国家高新区运行质量的动态评价方法研究，因此设计合理的评价体系是本书开展研究的前提。科技部的两个指标体系突出的是对整个国家高新区发展的纵向评价以及当年各国家高新区的横向比较和排名。本书主要是对各国家高新区经济运行的纵向发展趋势进行评价，突出的是个体间的纵向比较，即主要是将各国家高新区近十多年经济运行的发展路径作为评价基础。因此在指标体系的构建上既需要考虑指标的延续性，也需要以《国家高新技术产业开发区评价指标体系》和《国家高新区创新能力评价报告》为基础，并结合《中国火炬统计年鉴》和科技部火炬高技术产业开发中心每年发布的《国家高新区综合发展与数据分析报告》[1]−[8]等权威统计资料，构建适合本书研究目的的指标体系。

　　需要说明的是，《国家高新区创新能力评价报告》和《国家高新区综合发展与数据分析报告》是对某一年高新区的发展状况进行评价，其使用的评价指标有时会进行调整。在《中国火炬统计年鉴》中也有这种情况，如"总收入"自

2015 年起改为"营业收入","创汇总额"自 2008 年起改为"出口创汇",后又在 2016 年改为"出口总额"。自 2011 年起取消了"科技活动经费外部支出"指标,自 2012 年起取消了"工业增加值"这个指标,自 2016 年起取消了"中高级职称人员"这个指标。自 2013 年起增加了"工商企业注册数"、"高新技术企业数"、"留学归国人员"、"外籍常驻人员"、"R&D 人员"以及"R&D 人员全时当量"等几个指标。由此造成的影响是,各国家高新区对所在地区的经济贡献度(即园区 GDP/所在地区 GDP,也可以称之为创新驱动指标)这个指标无法纳入本书的指标体系中。创新国际化指标,即(留学归国人员+外籍常住人员)/年末从业人员数,只能用于当年各国家高新区的创新国际化程度的评价,无法进入较长时期的动态评价中去。

考虑到本书的分析主要从经济规模视角、经济效益视角以及创新绩效视角等展开国家高新区经济运行的评价。每个组成部分的目的不同,选用的指标也会有所不同。因此,本书从经济规模、经济效益、创新能力和创新绩效等不同角度选取指标构建了如表 3-1 的指标体系。

表 3-1　国家高新区经济运行质量评价的指标体系

一级指标	二级指标
经济规模	营业收入、工业总产值、净利润、上缴税额、出口总额、企业数、年末从业人数
经济效益	人均营业收入(营业收入/年末从业人员数)、人均工业总产值(工业总产值/年末从业人员数)、人均净利润(净利润/年末从业人员数); 人均上缴税额(上缴税额/年末从业人员数)、人均出口总额额(出口总额/年末从业人员数)、人均年末资产(年末资产/年末从业人员数)
创新能力	人力资本:大专以上人员占比、科技人员占比(均是除以年末从业人员数);科技投入强度:科技人员的人均科技活动经费支出(科技活动经费支出/科技人员数)、R&D 经费支出占比(R&D 经费支出/营业收入)、地方政府资金支持强度(政府科技支出/政府公共财政支出)、研发投入强度(R&D 经费支出/工业总产值)、创新国际化((留学归国人员+外籍常住人员)/年末从业人员数) 物力资本:平均规模(年末资产/企业数)
创新产出	技术收入与营业收入的占比; 产品收入与营业收入的占比

表 3-1 中各方面指标的说明如下:

第一,反映经济规模的指标中,营业收入反映了国家高新区的总体创收能力,工业总产值反映了国家高新区科技成果产业化的能力,净利润反映了国家高新区的获利能力,出口总额反映了高新区自身对外贸易的发展水平,上缴税额反映了高新区对社会的贡献能力。

第二,经济效益的指标反映了国家高新区生产要素的集约利用及劳动生产率的发展变化情况。其中,人均营业收入反映国家高新区在知识经济下创造价值的效率,也反映了国家高新区持续创造价值的能力。人均上缴税额、人均出口总额均与上述上缴税额、出口总额的含义类似。

第三,反映创新能力的指标中,大专以上人员占比反映了国家高新区智力结构的情况;科技活动人员占比则体现了国家高新区科研活动的活跃度;科技活动经费内部支出反映了国家高新区在经济发展中对科研发展的支持程度;R&D经费内部支出体现了园区在经济发展的同时对技术开放的重视程度。创新国际化指标集中体现园区的国际化水平。

第四,反映创新产出的指标中,技术收入是国家高新区企业通过技术创新及一系列研发活动而获得的收入,主要包括技术转让收入、技术承包收入、技术服务收入和接受委托科研收入,代表了国家高新区的科技研发能力。产品销售收入主要是高新区自身提供劳务生产的产品转移所有权获得的收入,代表了国家高新区科技成果的应用和转换能力,反映了国家高新区高新技术产品在市场中的销售状况。这两个国家高新区产出项目能较全面地评价其创新能力。此外,地方政府资金支持强度由如下公式计算得到:

$$地方政府资金支持强度 = 科学技术支出/地方一般公共预算支出$$

其中,科学技术支出、地方一般公共预算支出两个指标的数据均出自2008—2017版的《中国城市统计年鉴》。

第五,产品销售收入、技术收入、大专以上学历人数、科技活动人员数、R&D经费支出及科技活动经费支出等指标能反映国家高新区的研发实力;而企业数、年末从业人员数、营业收入、工业总产值、出口总额、净利润、上缴税额能反映国家高新区的产业实力。

(二)关于科技贡献指标选取的说明

在查阅有关文献时,我们发现有学者(孙杨,2005;姚和平,2009)将科研贡献强度和科技人员效率纳入评价指标体系中。他们认为科研的贡献不仅仅表现为增加 GDP,还应包括提高人民生活水平与质量、传播先进文化等方面。但鉴于数据的可得性,一般只探究科研对于生产的贡献。这种贡献主要从两个角度来衡量,一个是科研的贡献强度,即单位科技经费支出所产生的 GDP;另一个是科技人员的效率,即一个科技人员所创造的 GDP。由此得出科研贡献强度的定义是:科研贡献强度=当年实现工业总产值/科技活动经费支出总额×100%,科技人员效率的定义是:科技人员效率=当年实现工业总产值/科技人员数×100%。这里通过描述统计的方法来反映不同区域国家高新区在科研效益上的差异。

1.不同区域科研贡献强度和科技人员效率的对比分析

下面利用箱线图(见图 3-1)来具体了解 2016 年不同区域国家高新区的科研效益的情况。

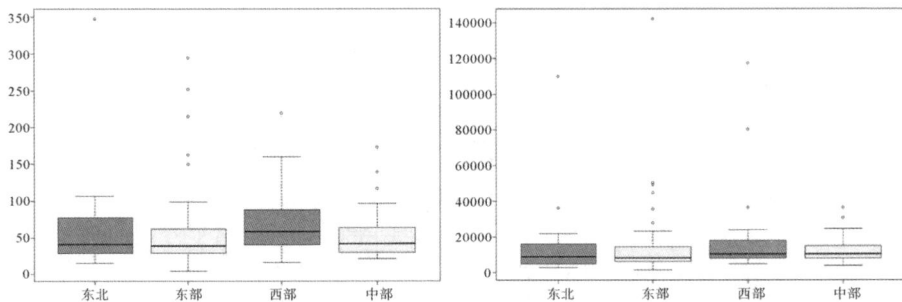

图 3-1　2016 年各区域科研贡献强度(左图)和科技人员效率(右图)箱线图

从箱线图可以看出,2016 年西部的科研贡献强度表现最好,其次是东北、东部和中部,它们的科研贡献强度相当,其中东部略差。2016 年四个区域科技人员效率的分布也非常相似。但从极大值的情况来看,东部地区有较多的国家高新区科研贡献强度表现比较好。具体的分布情况如表 3-2 所示。

表 3-2　2016 年科研贡献强度较大的国家高新区分布

区域	国家高新区
东北	延吉(347.17)、通化(106.53)、营口(88.66)
东部	黄河三角洲(294.87)、枣庄(251.88)、三明(214.53)、源城(162.53)、莱芜(149.69)
中部	仙桃(172.77)、新余(139.29)、赣州(117.0622)
西部	玉溪(219.43)、德阳(159.87)、咸阳(151.95)

其中,延吉、营口和新余高新区在 2010 年升级为国家高新区,玉溪、咸阳高新区在 2012 年升级为国家高新区,通化高新区在 2013 年升级为国家高新区,其余均是在 2015 年刚刚升级为国家高新区的。这些国家高新区具有独特的发展优势,如通化国家高新区主要发展医药,黄河三角洲国家高新区主要是以发展高效农业为主,源城国家高新区主要发展新能源汽车,赣州国家高新区则是"中国的稀金谷",玉溪国家高新区的特大型企业是玉溪卷烟厂,因此主要是发展烟草业,德阳国家高新区则是主要发展电缆电线等产业的重装基地。以源城国家高新区的科研投入为例,2015 年源城市政府向该高新区投入 1 亿元,高新区财政投入 3000 万元,该高新区企业科研经费投入达到了 2 亿元,占到园区 GDP 的 2.2%。

科技人员效率极高的国家高新区分布见表 3-3。

表 3-3　2016 年我国各区域科技人员效率表现较好的国家高新区

区域	国家高新区
东北	延吉(109 969.9)、通化(36 316.82)、营口(21 834.63)
东部	黄河三角洲(142 114.4)、三明(50 297.76)、临沂(49 264.82)、枣庄(44 651.67)、莱芜(35 578.42)、泰州(28 010.92)、莆田(23 211.92)
中部	鹰潭(36 584.85)仙桃(30 869.89)
西部	安康(117 506.4)榆林(80 270.98)玉溪(36 586.7)

与科研贡献强度的情况相似,科技人员效率表现最好的国家高新区基本都是新升级的国家高新区。如莱芜高新区 2015 年升级为国家高新区。该高新区产业发展基础较强,汇集了国内最大的果汁生产企业——北京汇源集团、最大的生活用纸制造商——维达纸业公司、最大的工程机械制造企业——三

一重工集团、最大的金刚石锯片生产企业——中国冶金地质总局黑旋风公司等知名企业,科技人员的创新积极性较高。

2.科研贡献与研发投入的对比

从上面的分析可以发现,研发投入强度大的国家高新区,规模较大,具有地域优势,且成立较早,但他们的科研效益反而不如新升级的这些国家高新区,具体情况如表3-4所示。

表3-4   2016年研发投入强度最高的国家高新区科研效率情况

区域	国家高新区
东北（16 个）	长春净月[2,4]、大连[1,2]、鞍山[4,9]
东部（64 个）	杭州[3,3]、上海紫竹[1,2]、深圳[4,4]、北京中关村[2,1]、广州[6,5]、石家庄[7,8]
中部（33 个）	武汉[3,5]、合肥[2,4]
西部（33 个）	呼和浩特[1,5]、西安[2,3]、成都[3,1]

注:各高新区右上角标的数字分别表示它们在各自所在区域科研贡献强度和科技人员效率的倒数排名。

这个现象一方面解释了研发投入强度、科研经费贡献及科技人员效率这三个指标间的关系;另一方面说明,我国成立较早、规模较大,具有传统优势的国家高新区也存在一定程度的科研经费产出率低、科技人员效率低、人力资源浪费的现象。

3.保留研发投入强度指标

上述分析可以看出,研发投入强度与科技贡献的这两个指标存在倒数的关系。R&D经费支出与科技经费支出、科技人员数常常表现出很强的正相关关系。以2016年国家高新区的数据为例,R&D经费支出与科技经费支出的相关系数达到了0.9381,与科技人员数的相关系数达到了0.9258。因此也就出现了研发投入强度大的高新区,科研贡献和科技人员效率比较小的情况。为此,在本书后续的动态评价中保留了研发投入强度指标而没有使用这两个科研贡献的指标。

二、不同区域国家高新区经济运行的比较分析

我国地域辽阔,不同区域的高新区发展水平存在差异。这里将通过对比分析来说明各区域国家高新区在 2007—2016 年十年间的发展变化情况。各国家高新区区域划分如表 3-5 所示。

表 3-5 我国国家高新区的区域划分

	省份
东北地区	辽宁、吉林、黑龙江
东部地区	北京、天津、河北、上海、江苏、浙江、山东、福建、广东、海南
中部地区	山西、河南、安徽、江西、湖北、湖南
西部地区	内蒙古、广西、四川、重庆、贵州、云南、西藏、陕西、甘肃、青海、宁夏、新疆

基于表 3-1 的指标体系,这里选取了年末从业人数、营业收入、工业总产值、净利润、上缴税额、出口总额、平均规模、人均营业收入、人均工业总产值、人均净利润、人均上缴税额、人均出口总额、人均年末资产、大专以上人员占比、科技人员占比、科技人员的人均科技活动经费支出、R&D 经费支出占比、地方政府资金支持强度、研发投入强度、技术收入占比及产品收入占比等 21 个指标来反映不同区域国家高新区的总体经济运行情况。

(一)不同区域各指标间的相关分析

首先,以基于主成分分析的相关分析图的方法绘制了全国及四个区域指标间的相关关系图,见图 3-2。

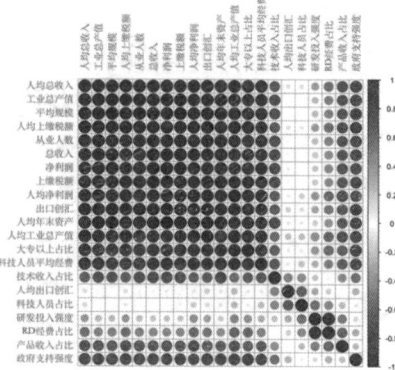

(a)全国国家高新区主要指标间的相关分析图

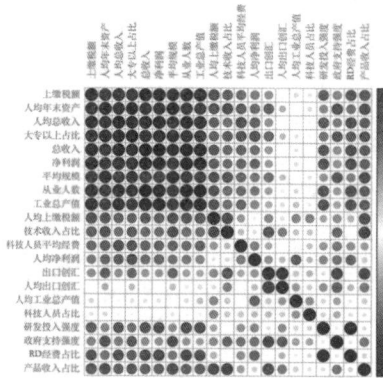

(b)东北地区

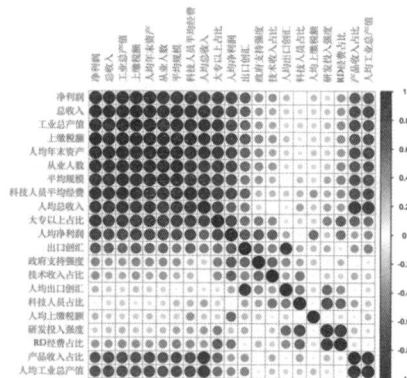

(c)东部地区

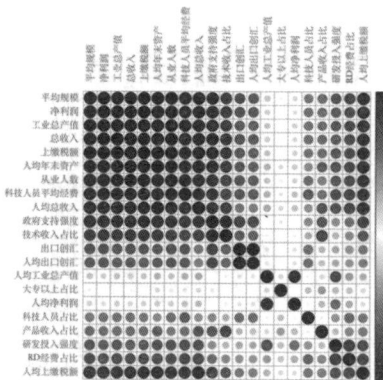

(d)中部地区

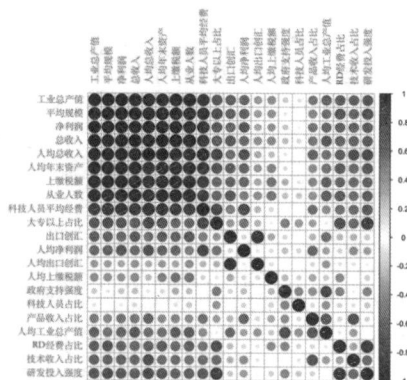

(e)西部地区

图 3-2　全国及不同区域国家高新区主要指标的相关分析图

对比图 3-2 中的五个相关系数图可以发现：从全国范围来看,(1)反映经济规模的指标与反映经济效益的指标均存在高度相关(除人均出口总额外)。(2)反映研发投入的指标,如研发投入强度、R&D 经费占比、科技人员占比以及政府支持强度等均与主要的规模指标和效益指标呈现明显的负相关关系。(3)反映创新产出的指标中,技术收入占比与主要规模和效益指标呈现明显的正相关关系,而产品收入占比则与主要规模和效益指标呈现明显的负相关关系。

但如果分地区来看,各地区的特点与全国范围的情况有所不同:(1)东北地区人均工业总产值与人均出口总额以及科技人员占比呈现一定的负相关关系,但与人均净利润呈现明显的负相关关系。这种迹象表明整体上来看,东北地区的国家高新区存在出口创汇能力差、生产效率低、研发投入不足、人才集聚没有起到应有作用的情况。(2)东部地区的人均工业总产值与大部分的规模指标及经济效益指标呈现明显的负相关关系,但与产品收入占比存在明显的正相关关系。人均上缴税额也与大部分的指标呈现较弱的负相关关系。研发投入强度与大部分的规模及效益指标呈现微弱的负相关关系。人均出口总额与科技人员占比、研发投入强度等研发投入要素存在一定正相关关系,与其他指标呈现微弱的正相关关系。政府支持强度与主要的规模和效益指标呈现一定的正相关关系。这表明东部国家高新区由于地方政府的资金支持力度以及园区内企业的获利能力较强使得这些高新区来自政府和企业的研发投入较多,研发投入不足的现象不是很明显。但由于其有利的地域优势吸引了大量的人才集聚,这也在一定程度上造成了人力资源的浪费,因此东部地区的国家高新区人均生产能力和社会贡献能力较差。另外,同样是地域优势,使得这些国家高新区的出口创汇能力要好于其他区域。(3)中部地区人均上缴税额与主要的规模指标和效益指标均存在明显的负相关关系。人均净利润与主要的规模和效益指标呈现较弱的负相关关系,且与人均出口总额存在明显的负相关关系,但与研发投入指标存在正相关关系。人均出口总额与主要的规模和效益指标呈现一定的正相关关系。政府支持强度与主要的规模和效益指标呈现明显的正相关关系。这种现象表明虽然中部地区的地方政府一直在致力于通过提高对科技的支持力度来促进所在地区国家高新区的发展,但它们在社会贡献及获利能力方面的表现仍不尽如人意,来自企业的研发经费投入不足,而这种不足又是由于它们的获利能力较差造成的。(4)西部地区研发投入强度、人均工业总产值、技术收入占比均与主要的规模和效益指标呈现明显的负相关关系。政府支持强度与主要的指标呈现微弱的正相关关系。这表明虽然西部地区各地方政府在加大对科技的资金支持力度,但这种支持的力度还明显不够,另外由于西部地区的某些国家高新区缺乏实力雄厚的大型企业入驻,使得来自企业的研发投入比例也不如东部地区的大。

(二)不同区域地方政府对科技的资金支持强度对比分析

从上面的相关分析可以发现,地方政府对科学技术的资金支持虽然是国家高新区高新技术企业研发经费的重要来源之一,但不同区域的支持力度是不同的。这里将对比分析四个区域的地方政府对科技资金支持强度的变化趋势。图 3-3 是四个区域的政府资金支持强度变化趋势图。

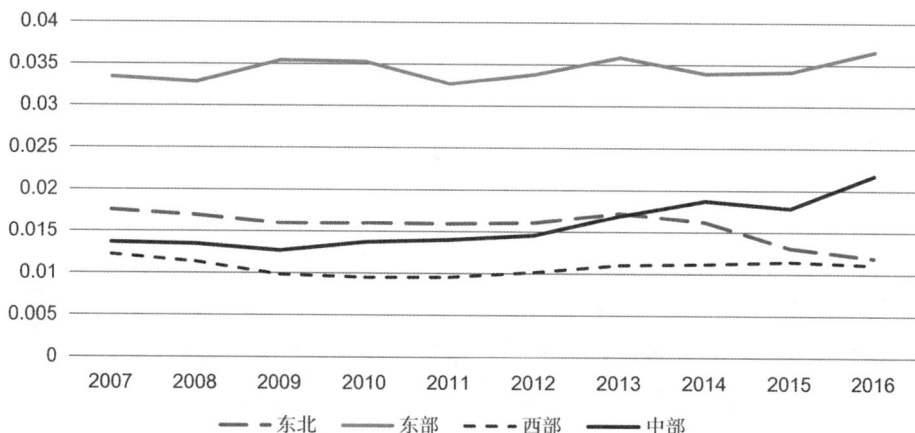

图 3-3　我国不同区域国家高新区所占地方政府对科技的资金支持强度

从图 3-3 可以看出,东部地区的政府资金支持强度最大,西部地区的政府资金支持强度最小,中部地区政府资金支持呈现逐年递增的趋势并在 2013 年之后超过了东北地区,而东北地区自 2013 年后政府资金支持强度开始减弱,呈现出下降趋势。为更详细了解不同区域各地区地方政府对科技的资金支持强度,进一步选取 2016 年 31 个省份的政府资金支持强度作箱线图,如图 3-4 所示。

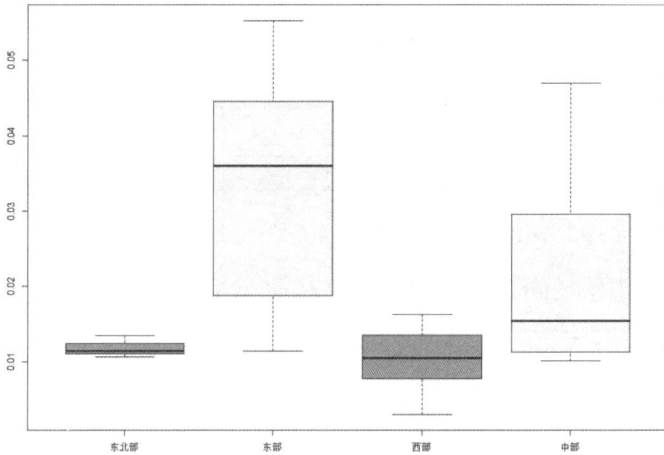

图 3-4　2016 年各区域政府支持强度的箱线图

由图 3-4 可以看出,东部地区的政府资金支持强度差异最大,支持强度最大的广东省达到 0.0553,几乎是支持强度最小的海南省的近 5 倍。东北部地区的政府资金支持强度差异最小,支持强度介于 0.0106～0.0135 之间。中部地区的政府资金支持强度差异仅次于东部地区,且存在一省独大的状况,最大的安徽省达到 0.0470,最小的山西省仅为 0.0100。西部地区的政府资金支持强度则存在个别省份较差的情况,最小值出现在西藏自治区,仅为 0.0030。总体来看,政府资金支持强度和地区经济实力密切相关,东部、中部和东北部政府资金支持强度最高的省份存在很大差异,但政府资金支持强度较低的省份支持强度却基本持平,不同地区的差别更多的是由政府支持力度较强的省份带来的。具体的支持强度分布情况如表 3-6 所示。

表 3-6　2016 年各地区政府资金支持强度的两级分布情况

区域	省份	支持强度
东北部	辽宁	0.0135
	黑龙江	0.0106
东部	广东	0.0553
	海南	0.0114

续表

区域	省份	支持强度
中部	安徽	0.0470
	山西	0.0100
西部	贵州	0.0163
	西藏	0.0030

(三)不同区域研发投入强度的对比分析

为反映我国不同地区研发投入强度的差异,这里将 2007 年到 2016 年的各区域研发投入强度趋势图绘制如图 3-5 所示。

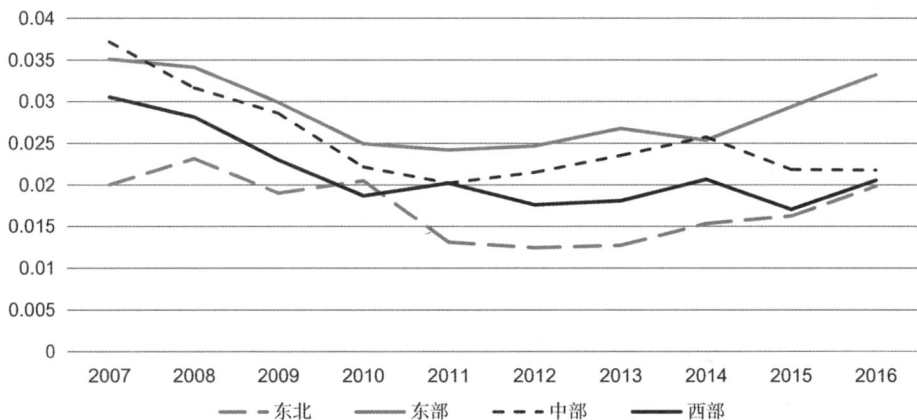

图 3-5　各区域研发投入强度的变化趋势图

从图中可以看出,研发投入强度在不同区域间的差异要比政府资金支持的差异小。总体来说,东部地区的研发投入强度最大,中部和西部次之,而东北地区的研发投入强度则最小。自 2007 年开始的一段时间各区域高新区的研发投入强度呈现出比较明显的下降趋势,最低点出现在 2011—2012 年,随后出现不同程度的上升。这一现象是受到了国际金融危机之后企业研发投入下降的影响。有所不同的是,中部地区的研发投入强度在 2011 年之后出现了上涨,并在 2014 年短暂超过东部地区之后,出现了较大幅度的下降。东部地区则在 2014 年之后研发投入强度出现了较快的上涨,并扩大了对其他地区的领先优势,这与东部地区在完成了产业转移和产业升级之后加大研发投入不无关系。与中部地区类似,西部地区研发投入强度也在 2014 年之后出现了较明显的下降,并在 2015 年之后与研发投入强度持续增长的东北地区基本持平。同样,为详细了解不同区域各地区研发投入强度,这里选取 2016 年 31 个省份的研发投入强度作箱线图。

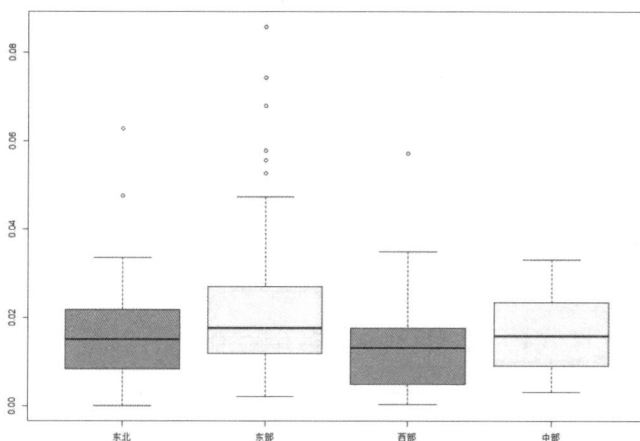

图 3-6　2016 年各区域国家高新区研发投入强度箱线图

　　从图 3-6 来看,各区域国家高新区研发投入的平均水平及最小值相差不大,但不同区域间研发投入强度的最大值差别较大,尤其是东部、东北部及西部地区都有一些极大值出现。具体的分布情况如表 3-7 所示。

表 3-7　2016 年研发投入强度大的国家高新区的分布

区域	国家高新区
东北	长春净月(0.0629)、大连(0.0476)、鞍山(0.0337)
东部	杭州(0.0859)、上海紫竹(0.0743)、深圳(0.0679)、北京中关村(0.0578)、广州(0.0557)、石家庄(0.0528)
中部	洛阳(0.0331)、武汉(0.0321)、合肥(0.0298)
西部	呼和浩特(0.0572)、西安(0.0349)、成都(0.0296)

上述研发投入强度较大的高新区中,部分高新区具有较强的研究实力。如长春净月高新区和上海紫竹高新区,他们均是近几年升级为国家高新区的。其中上海紫竹高新区主要得到上海交通大学、华东师范大学的智力支持,充分发挥这些大学的科研和人才优势,以集成电路与软件、新能源、航空、数字内容、新材料和生命科学等六大类产业作为主导产业。长春净月高新区拥有 15 所高等院校,8 个国家级、省级重点科研机构,12 个国家科技研发平台及 147 个省部级研发服务平台等丰富的科技创新资源。

(四)不同区域创新国际化的比较分析

国际化的核心是人员的国际化,国际化人才的引进是区域形成国际竞争力的重要支撑,这在硅谷等发达国家高新技术区域表现得尤其明显。通常,外籍常住人口是一个城市或区域国际化最显著的标志,该指标可以集中体现国家高新区的国际化水平。由于"留学归国人员"和"外籍常驻人员"这两个指标是自 2013 年才开始在年鉴中出现的,因此这里将我国按四个区域划分的国家高新区 2013—2016 年创新国际化的情况做条形图,见图 3-7。

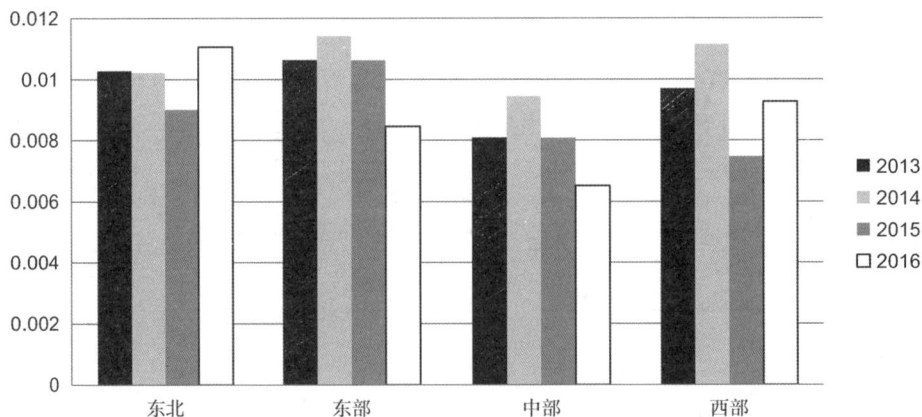

图 3-7　2013—2016 年我国各区域创新国际化情况

从上图可以看出,东北地区的创新国际化总体呈现上升的趋势,东部地区和中部地区的创新国际化则呈现下降的趋势,且东部、中部、西部三个区域都在 2014 年达到了国际化人才集中的高点。这说明东部地区和中部地区在 2014 之后,在创新国际化下降的同时,本土人才、本土创新在国家高新区的发展中发挥了很大的替代作用。下面以 2016 年为例,说明各国家高新区创新国际化的程度。

图 3-8～图 3-11 分别是 2016 年东北部、东部、中部和西部各国家高新区的创新国际化条形图。

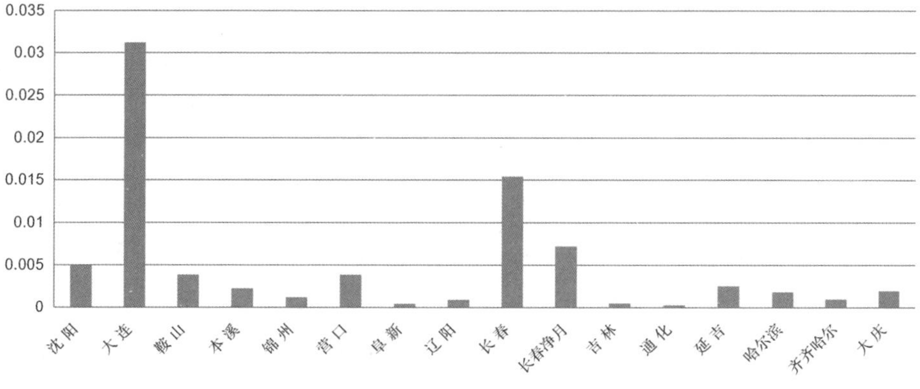

图 3-8　2016 年东北部各国家高新区的创新国际化程度

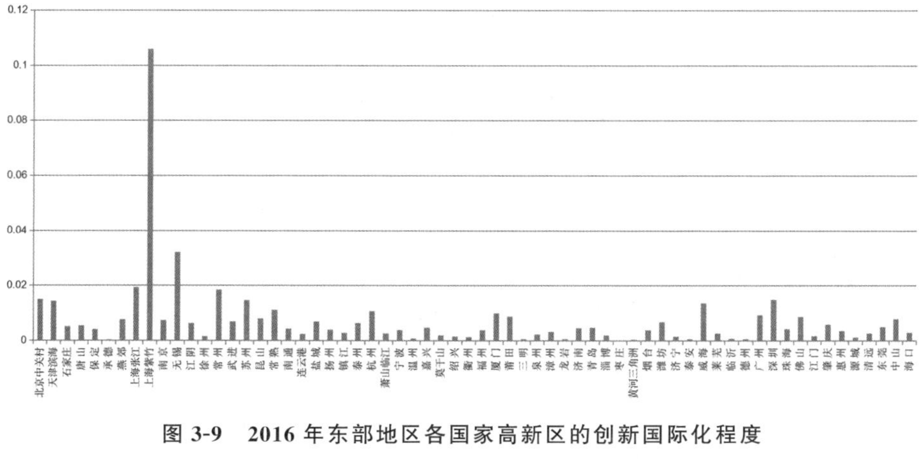

图 3-9　2016 年东部地区各国家高新区的创新国际化程度

从以上 4 个条形图可以看出,创新国际化程度与地域有着密切关系,国际化人才还是较明显地集中在大城市或者具有传统产业优势、规模较大的国家

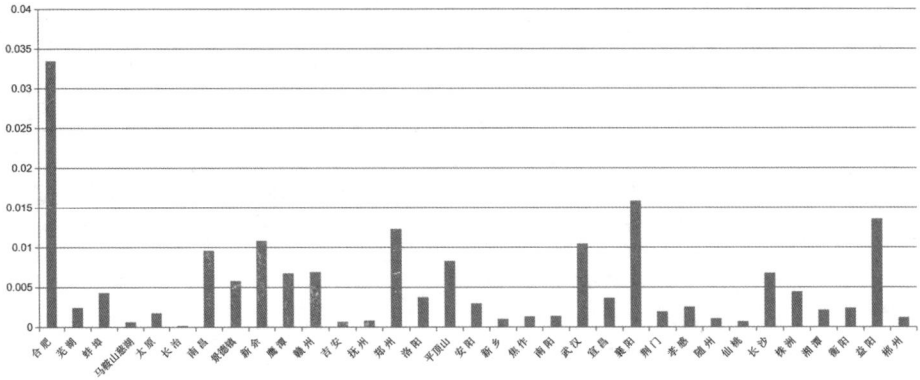

图 3-10　2016 年中部地区各国家高新区的创新国际化程度

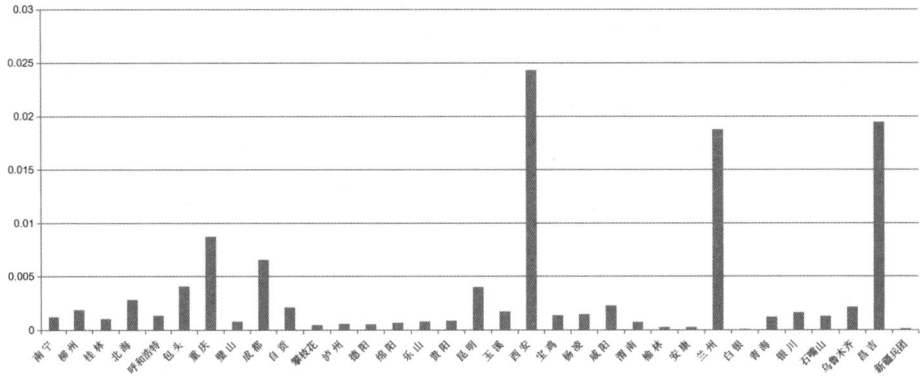

图 3-11　2016 年西部地区各国家高新区的创新国际化程度

高新区，如大连高新区、长春高新区、上海紫竹高新区、无锡高新区、合肥高新区以及西安、兰州、重庆等地的国家高新区。

基于经济规模视角的国家高新区经济运行评价研究

第四章

随着国家高新区的不断发展,单靠提供土地、政府优惠政策以及外来技术的引进已经不能满足进一步发展的需要,国家高新区在技术、资金、人才等创新资源方面面临更为激烈的竞争。在总体规模和发展质量不断提高的同时,由于政策扶持、地域分布等方面的差异,各国家高新区的经济发展水平极其不平衡。国家高新区的发展对地方乃至整个国家的经济发展都会产生重大影响。因此,从经济规模视角对国家高新区经济发展轨迹的相似性进行动态研究非常必要。考虑到这是一个面板数据的分析问题,本章将通过面板数据的加权聚类方法来完成对国家高新区经济发展轨迹相似性的动态分析,并据此对国家高新区进行梯队的划分。

一、引言

在聚类分析中,对象之间的相似性度量是基础。传统的多元统计分析方法只能度量截面数据中对象之间的相似性。但现在的信息化社会,我们常常需要分析和处理时间序列和面板数据。目前,针对时间序列数据中对象间相似性度量的方法已日渐成熟,也出现了很多研究时间序列聚类方法的文献(Montero,Vilar,2014)。相比之下,面板数据的聚类方法研究还不是很丰富,是当前研究的热点。

已有的面板数据聚类方法研究主要是从基于模型(model-based)的角度(如 Juarez,Steel,2010;Nie 等,2010;Fruhwirth-Schnatter,2011;Nascimento等,2012;Konstantakis 等,2015;Trindade 等,2017)和无模型(model-free)角度提出的。

在基于无模型角度的方法中,重点讨论的是如何度量面板数据中对象间的距离,以使得该距离既能够体现对象在时间上趋势变化的相似性,又能体现它们变量取值大小的相似性,同时还应考虑变量对类别区分的影响程度(张立军,彭浩,2017)。相关研究大致可以归结为以下几类:

第一,尝试将面板数据转化为截面数据,而后利用相应的聚类方法进行聚类。如郑兵云(2008)提出的基于均值的面板数据聚类方法研究,该方法实质是对每个变量在时间维度上取均值,而后退化为截面数据,再进行聚类。党耀国和侯荻青(2016)用能够表征面板数据动态变化的"绝对量"特征、"波动"特征、"偏度"特征、"峰度"特征及"趋势"特征来形成每个样本的特征向量,将其标准化后引入动态聚类算法进行聚类。

第二,尝试将面板数据转化为时间序列数据后再聚类。如朱建平和陈民肯(2007)研究了单变量面板数据聚类的方法,其实质是多个对象时间序列数据的聚类研究。肖泽磊等(2009)、王德青等(2014)、刘云霞(2016)、戴大洋和邓光明(2018)、王泽东和邓光明(2019)等则是分别对每个时间点的截面数据进行主成分分析,得到每个对象的综合得分时间序列。而后基于该时间序列利用欧式距离、小波变换或趋势距离等距离计算方法得到对象间的距离,最后进行系统聚类。

第三,李因果等(2013)将各对象每个原始变量时间序列转化为反映该对象在变量上的绝对取值以及时点增长率、波动率等若干新的指标时间序列,计算对象间在这些指标上的欧氏距离后,基于一定的赋权方法加权求和,得到综合距离进行聚类。张立军和彭浩(2017)则是在李因果等(2013)方法的基础上,对指标绝对值、邻近时点增长率以及波动率进行了指标加权和时间加权(熵值法得到权重)从而得到相应的加权欧氏距离,并将这些距离再加权综合成两对象间的距离。但在李因果等(2013)的方法中,权重的确定较为主观,而张立军和彭浩(2017)方法中虽然利用了熵值法能够客观赋权,但熵值法只适用于截面数据;另外,党耀国和侯荻青(2016)认为这类方法虽然增加了对象在时间上的增长率差异和时序波动差异的考量,仍无法避免欧氏距离在处理带有时间趋势的数据时存在的固有缺陷,无法反映面板数据可能出现的线性漂移和时间弯曲等情况。

针对上述文献存在的问题,我们认为面板数据是截面数据和时间序列数据的结合,面板数据中各对象的各变量取值均是一个时间序列,因此可以利用较为成熟的且能够度量线性偏移和时间弯曲的时间序列相似性度量方法来度量面板数据中对象间的相似性,如动态时间规整(DTW)、Fr'echet 距离等。这样无须将面板数据简单化或复杂化,直接在原始面板数据上即可实现聚类分析,并且解决了上述党耀国和侯荻青(2016)所提到的问题。与截面数据的聚类分析易受变量相关性影响一样,面板数据的聚类同样也存在该问题,本章将给出基于面板数据变量动态相关关系的赋权方法,这样的赋权方法不仅客观且适用于面板数据,据此加权聚类能够使得聚类结果较全面地反映对象在所有变量上的相似性。另外,在聚类过程中常需要通过类内离差平方和来比较聚类的效果,因此本章还将在截面数据类内离差平方和公式中加入时间项,使其能够适用于面板数据。

二、方法介绍

(一)面板数据加权聚类方法

1.计算面板数据中变量的相关关系

对于一个面板数据 $x_{it}(j), i=1,2,\cdots,n, j=1,2,\cdots,P, t=1,2,\cdots,T, n$ 为数据集中的对象数,P 为变量数,T 为时间跨度。第 i 个对象 x_i 的第 j 个变量为 $\{x_{i1}(j), x_{i2}(j), \cdots\cdots, x_{iT}(j)\}$,第 l 个变量为 $\{x_{i1}(l), x_{i2}(l), \cdots\cdots, x_{iT}(l)\}$,均是时间序列。

首先,采用一阶差分相关系数(Douzal Chouakria,Nagabhushan,2007)来反映每个对象两两变量间取值随时间变化的趋势的相关性:

$$\text{CORT}[x_i(j),x_i(l)] = \frac{\sum_{t=1}^{T-1}[x_{it+1}(j)-x_{it}(j)][x_{it+1}(l)-x_{it}(l)]}{\sqrt{\sum_{t=1}^{T-1}[x_{it+1}(j)-x_{it}(j)]^2}\sqrt{\sum_{t=1}^{T-1}[x_{it+1}(l)-x_{it}(l)]^2}} \quad (4\text{-}1)$$

Douzal Chouakria 和 Nagabhushan(2007)已证明,式(4-1)计算的相关系数取值范围在$[-1,1]$之间。当 $\text{CORT}[x_{iT}(j),x_{iT}(l)] \to 1$ 时,说明这两个序列有相似的动态变化,它们的增长方向和增长率是相似的;当 $\text{CORT}[x_{iT}(j),x_{iT}(l)] \to 0$ 时,说明这两个序列的增长率是线性不相关的;当 $\text{CORT}[x_{iT}(j),x_{iT}(l)] \to -1$ 时,说明这两个序列的增长率是相似的,但其方向相反。因此,该相关系数既反映了两个序列取值的相似性,也反映了两个序列在时间上的动态变化。

其次,与截面数据的皮尔森相关系数类似,还须综合所有对象在这两变量上取值的变化趋势,才能真正反映面板数据中两变量的动态相关性,即:

$$\text{CORT}[x(j),x(l)] =$$

$$\frac{\sum_{i=1}^{n}\sum_{t=1}^{T-1}\{[x_{it+1}(j)-x_{it}(j)][x_{kt+1}(l)-x_{it}(l)]\}}{\sqrt{\sum_{i=1}^{n}\sum_{t=1}^{T-1}[x_{it+1}(j)-x_{it}(j)]^2}\sqrt{\sum_{i=1}^{n}\sum_{t=1}^{T-1}[x_{kt+1}(l)-x_{it}(l)]^2}} \quad (4\text{-}2)$$

可知,式(4-2)中的 $\text{CORT}[x_T(j),x_T(l)]$ 反映了面板数据中两变量的动态相关关系。该相关系数的绝对值越接近于 1,表明这两个变量的动态相关关系越强,同理,越接近于 0,说明它们的动态线性相关关系越弱。重复上述计算,即可得到 P 个变量的相关系数矩阵:

$$\begin{bmatrix} \text{CORT}[x(1),x(1)] & \cdots & \text{CORT}[x(1),x(P)] \\ \vdots & \ddots & \vdots \\ \text{CORT}[x(P),x(1)] & \cdots & \text{CORT}[x(P),x(P)] \end{bmatrix}_{P \times P}$$,其中主对角线

上元素为 1。

2.计算每个变量的权重

若一个变量与其他变量有较强的相关关系,表示该变量的信息可以在很大程度上被其他变量所反映,其重要性就相对较弱;反之,则重要性较强。

因此,可将上述相关系数矩阵的每一行或每一列求平均,以反映该变量与所有其他变量的相关关系的强弱(由于 $j \neq l$,实际只有 $P-1$ 个相关系数求平均):

$$D_j = \frac{1}{(P-1)} \sum_{l=1}^{P} \mathrm{CORT}[x_T(j), x_T(l)] \quad (j \neq l) \tag{4-3}$$

其中, D_j 值越大,说明第 j 个变量与其他变量反映的信息重叠度越高,则第 j 个变量越不重要。据此,第 j 个变量的重要性为:

$$Z_j = 1/D_j \tag{4-4}$$

对式(4-4)作归一化处理,即可得到每个变量的权重:

$$w_j = \frac{Z_j}{\sum_{j=1}^{P} Z_j}, j = 1, \cdots, P \tag{4-5}$$

3.计算对象 x_i 和 x_k 之间的距离

(1)计算对象 x_i 和 x_k 在第 j 个变量上的距离

如前所述,对象 x_i 和 x_k 的第 j 个变量取值均是时间序列,因此可根据时间序列在数据值、形状、变化趋势等方面的特点选择不同的时间序列相似性度量方法。目前已有较成熟的时间序列相似性度量方法,如动态时间规整(DTW)、傅里叶变换(Fourier transform)、离散小波变换(Discrete wavelet transform)以及 Fr'echet 距离等。这里将对象 x_i 和 x_k 在第 j 个变量上的相似性记为 $d_{i,k}(j)$。以 Fr'echet 距离为例, $d_{i,k}(j)$ 的计算公式为:

$$d_{i,k}(j) = \min_{r \in M} [\max_{q=1,\cdots,m} |x_{i,a_q}(j) - x_{k,b_q}(j)|] \tag{4-6}$$

式(4-6)中, M 为 m 对按照观测顺序排列的点对的集合, $a_q, b_q \in \{1, \cdots, T\}$,且 $a_1 = b_1 = 1, a_m = b_m = T, r = [x_{i,a_1}(j) - x_{k,b_1}(j)], \cdots, [x_{i,a_m}(j) - x_{k,b_m}(j)]$。

若选择 DTW 方法(Giorgino,2009),那么 $d_{i,k}(j)$ 的计算公式为:

$$d_{i,k}(j) = \min_{r \in M} [\sum_{q=1,\cdots,m} |x_{i,a_q}(j) - x_{k,b_q}(j)|] \tag{4-7}$$

式(4-7)中各符号含义与式(4-6)相同。从式(4-6)和式(4-7)可以看出:与欧氏距离不同,它们能够反映时间序列间线性漂移和时间弯曲的情况。这两种方法虽然思想比较相似,但 DTW 方法在计算距离时所需时间比 Fr'echet 方法短。因此在实证分析中本章选用了 DTW 方法进行时间序列相似性的度量。

(2)计算对象 x_i 和 x_k 之间在所有变量上的综合距离

将根据上述步骤计算的对象 x_i 和 x_k 在各个变量上的距离求和即为二者的综合距离,记为 $d_{i,k}$,该综合距离越小,说明二者越相似。若考虑变量间的相关关系,则为加权求和距离,其中的权重是基于公式(4-2)～(4-5)计算得到的:

$$d_{i,k} = \sum\nolimits_{j=1}^{P} [w_j \times d_{i,k}(j)] \tag{4-8}$$

若不考虑变量间的相关关系,各变量在综合距离的计算中起同等重要的作用,则计算公式如下:

$$d_{i,k} = \sum\nolimits_{j=1}^{P} d_{i,k}(j) \tag{4-9}$$

计算出所有对象间的距离后即可形成初始距离阵 $(d_{i,k})_{n \times n} (1 \leqslant i, k \leqslant n)$,它是聚类分析的基础。若采用式(4-8)的加权综合距离进行聚类,可称为面板数据的加权聚类;若采用式(4-9)的综合距离进行聚类,则称为面板数据的未加权聚类。

(二)面板数据类内离差平方和的计算

一般,常用类内离差平方和来反映聚类的效果,类内离差平方和越小说明各类内对象越相似。传统的类内离差平方和计算公式为:

$$\mathrm{SS}_{\text{within group}} = \sum\nolimits_{h=1}^{H} \sum\nolimits_{i=1}^{n_h} (\mathbb{X}_{hi} - \overline{\mathbb{X}}_h)' (\mathbb{X}_{hi} - \overline{\mathbb{X}}_h) \tag{4-10}$$

其中,H 为聚类的类个数,n_h 是第 $h(h=1, \cdots, H)$ 类的对象数,$\mathbb{X}_{hi}$ 和 $\overline{\mathbb{X}}_h$ 均为 P 维向量,$\overline{\mathbb{X}}_h$ 表示第 h 类对象的重心。式(4-10)主要是基于截面数据的,没有时间项,无法反映面板数据聚类结果中各类内各对象随时间变化的差

异大小。这里,在式(4-10)的基础上加入时间项,用以计算面板数据的类内离差平方和。具体步骤如下:

第一,计算第 h 类内所有对象的第 j 个变量在时间 t 上的取值差异:

$$SS_{j,h,t} = \sum_{i=1}^{n_h} (x_{ijht} - \bar{x}_{jht})^2 \tag{4-11}$$

第二,计算第 h 类内所有对象在第 j 个变量上的取值差异:

$$SS_{j,h} = \sum_{t=1}^{T} SS_{j,h,t} \tag{4-12}$$

第三,计算所有类的对象在第 j 个变量上的取值差异,即第 j 个变量的类内离差平方和 SS_j:

$$SS_j = \sum_{h=1}^{H} SS_{j,h} \tag{4-13}$$

第四,计算所有类的对象在全部变量上取值的差异,即总类内离差平方和 $SS_{\text{within group}}$:

$$SS_{\text{within group}} = \sum_{j=1}^{P} SS_j \tag{4-14}$$

其中,通过式(4-13)的计算可以比较聚类结果中各变量的类内离差平方和,若第 j 个变量的类内离差平方和远大于其他变量的,则说明此聚类结果并没有反映各对象在第 j 个变量上的相似性,各类内对象在该变量上的差异要比在其他变量上的差异大。

三、国家高新区经济规模动态相似性分析

(一)数据来源及变量选取

为方便描述,本章将国家级高新区简称为高新区,各地区国家级高新区均用其地名作为简称,如北京中关村国家级高新区简称为北京中关村。在变量

方面上,为反映国家级高新区的经济发展状况,本章基于表 3-1 从产业实力和经济规模的角度出发选取了:工业总产值、营业收入、净利润、出口总额和上缴税额等五个变量。为保证面板数据中对象的时间跨度足够长,主要选取了自2007 年就有的 54 个国家级高新区作为研究对象,数据来源于《中国火炬统计年鉴》(2008 版—2020 版)。需要说明的是:在此期间,年鉴中一些高新区的名称发生了变更,如北京变为北京中关村、天津变为天津滨海、襄樊变为襄阳。另外,上海分为上海张江和上海紫竹,从数据衔接来看,2007—2010 年上海高新区和 2011 年以后的上海张江高新区数据是衔接的,因此在实证分析中将二者的数据合并统称为上海张江。

(二)面板数据的聚类分析

首先将数据标准化(后续图表显示的变量值均为标准化后的取值)以避免计量单位和数量级水平的影响。

1.面板数据的未加权聚类

根据式(4-7)和式(4-9)计算两两高新区间的综合距离,形成初始距离阵,而后通过离差平方和的系统聚类方法进行聚类。聚类系数碎石图表明将 54个高新区聚为 8 类比较合适,聚类结果如图 4-1 所示。

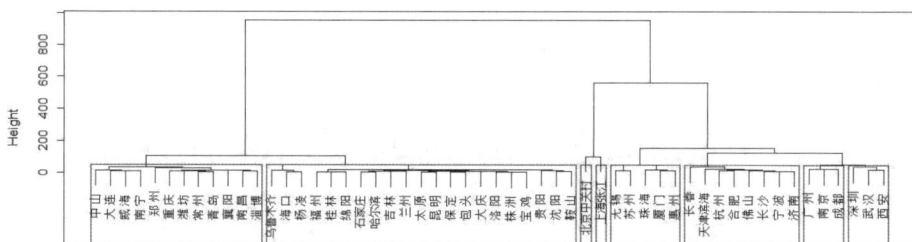

图 4-1 基于 DTW 的面板数据未加权聚类结果

基于图 4-1 的聚类结果,根据式(4-11)～(4-13)计算各变量的类内离差平方和,计算结果如表 4-1 所示。

表 4-1　聚类分析的类内离差平方和

	工业总产值	营业收入	净利润	出口总额	上缴税额
类内离差平方和	73.11	11.94	23.90	122.81	39.04

可以看出,营业收入、净利润和上缴税额等三个变量的类内离差平方和很小,而出口总额的类内离差平方和很大,说明图 4-1 的聚类结果更倾向于反映各对象在营业收入、净利润和上缴税额三个变量上的相似性,而忽视了它们在出口总额上的相似性。我们认为这种情况应该是由变量间存在较强的相关关系导致的。

为此,本章计算了两两变量在各年份的相关系数(皮尔森相关系数),并对它们作箱线图,见图 4-2。为作图简洁,图 4-2 中,各变量均由相应数字代替,1 代表"工业总产值",2 代表"营业收入",3 代表"净利润",4 代表"出口总额",5 代表"上缴税额",图中 $r_{1,2}$ 所对应的箱线图是由 2007—2019 年"工业总产值"与"营业收入"每年的相关系数(共 13 个)绘制而成的;其他箱线图的含义类似,不再赘述。

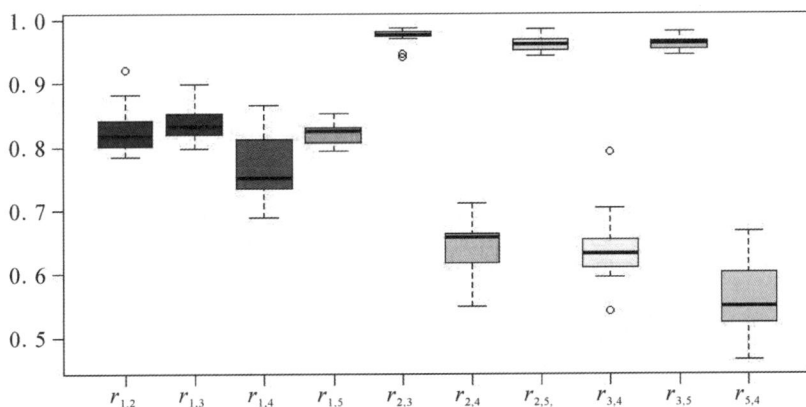

图 4-2　2007—2019 年五个变量两两相关系数箱线图

图 4-2 显示:第一,营业收入、净利润和上缴税额三个变量每年情况类似,均存在高度相关,相关系数($r_{2,3}$、$r_{2,5}$、$r_{3,5}$)在 0.96 左右。第二,工业总产值与上述三个变量的相关系数($r_{1,2}$、$r_{1,3}$、$r_{1,5}$)大致在 0.8～0.9 之间;工业总产值与出口总额的相关系数($r_{1,4}$)在 0.68～0.88 之间,波动较大。第三,出口总额

与营业收入、净利润及上缴税额等三个变量的相关关系较低($r_{2,4}$、$r_{3,4}$、$r_{5,4}$），尤其是出口总额与上缴税额的相关系数最低时只有不到 0.5。

由此表明，这五个变量确实存在强弱不等的相关关系，且与表 4-1 的分析结果一致。这种相关关系使得图 4-1 的聚类结果有失偏颇，因此考虑变量相关关系的加权聚类是必要的。

2.面板数据的加权聚类分析

（1）变量相关系数及权重的计算

由上文方法可知，面板数据加权聚类从变量动态相关系数的计算开始。这里根据式(4-1)～(4-5)计算了变量间的相关系数、每个变量的重要性 Z_j 及权重 w_j，见表 4-2。

表 4-2　变量间的动态相关系数及各变量权重

	工业总产值	营业收入	净利润	出口总额	上缴税额
工业总产值	1	0.8416	0.5936	0.3727	0.5585
营业收入	0.8416	1	0.6173	0.3986	0.611
净利润	0.5936	0.6173	1	0.2178	0.5387
出口总额	0.3727	0.3986	0.2178	1	0.2098
上缴税额	0.5585	0.611	0.5387	0.2098	1
D_j（列平均）	0.5916	0.6171	0.4918	0.2997	0.4795
Z_j	1.6903	1.6205	2.0333	3.3367	2.0855
w_j	0.157	0.1505	0.1889	0.3099	0.1937

从表 4-2 的计算结果可以看出：第一，营业收入与工业总产值、营业收入与净利润、营业收入与上缴税额的动态变化相关性都比较高，因此营业收入的权重最小。第二，工业总产值虽与营业收入相关性较高，但与净利润、上缴税额的相关关系略低，因此其权重次低。这一特点也从侧面反映了我国某些高新区存在工业化水平较高，但转化能力较差、社会效益不佳的问题。第三，出口总额与其他四个变量的相关度都不高，因此权重最大。这也说明我国的高新区发展特点有所不同，有些高新区的产品主要销往国外，因此在出口方面表现较好，但在其他方面表现较差，如厦门火炬高技术产业开发区；也有一些高

新区的产品主要销往国内,因此出口表现较差而其他方面表现较好,如长春高技术产业高新区。

比较图 4-2 和表 4-2 可知,二者在变量间强弱相关关系的分析上大体相同。图 4-2 主要反映的是变量间静态的相关关系,历年的相关系数不尽相同,而表 4-2 则通过一个相关系数反映了变量间的这种动态相关关系。

(2)基于 DTW 度量方法的面板数据加权聚类分析

根据式(4-8)及表 4-2 中的权重,加权距离计算公式为:

$$d_{i,k} = 0.157 \times d_{i,k}(1) + 0.1505 \times d_{i,k}(2) + 0.1889 \times d_{i,k}(3) +$$

$$0.3099 \times d_{ik}(4) + 0.1937 \times d_{ik}(5) \tag{4-15}$$

其中,$d_{i,k}(j)$ 利用 DTW 方法计算得到的,计算出所有对象间的综合距离后即可进行系统聚类。为便于比较,这里仍选用离差平方和的系统聚类法,聚类系数碎石图同样显示聚 8 类比较合适,具体的聚类结果见图 4-3。

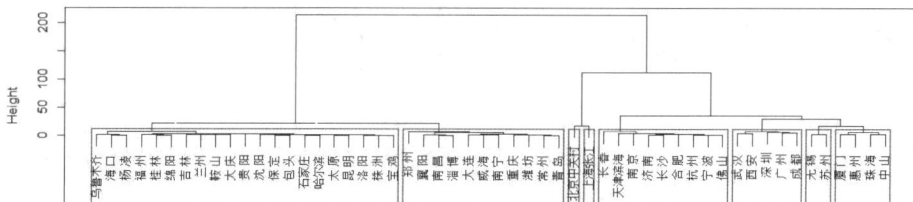

图 4-3　基于 DTW 方法的 54 个高新区经济规模面板数据加权聚类谱系图

按照图 4-3 中的聚类结果,将 54 个高新区划分为 8 个梯队,如图 4-4 所示。

进一步,计算每个梯队各变量历年均值并作折线图(其中,由于北京中关村和上海张江在五个变量上数值远大于其他梯队的均值,为便于更好地在图中区分其他梯队的情况,图中未展示第一和第二梯队的情况),如图 4-5 所示。

图 4-5 表明,第一,在发展规模上,北京中关村和上海张江是国家级高新区中的巨无霸,分别居于第一和第二梯队。第二,近年来随着中国支持老工业基地和中西部地区发展力度的加大,部分中西部地区的高新区发展势头强劲,其中武汉、西安、成都三个高新区发展最为抢眼,已然与广州、深圳两个沿海老牌高新区并驾齐驱;长春、合肥、长沙等高新区也紧随其后,与天津滨海、杭州

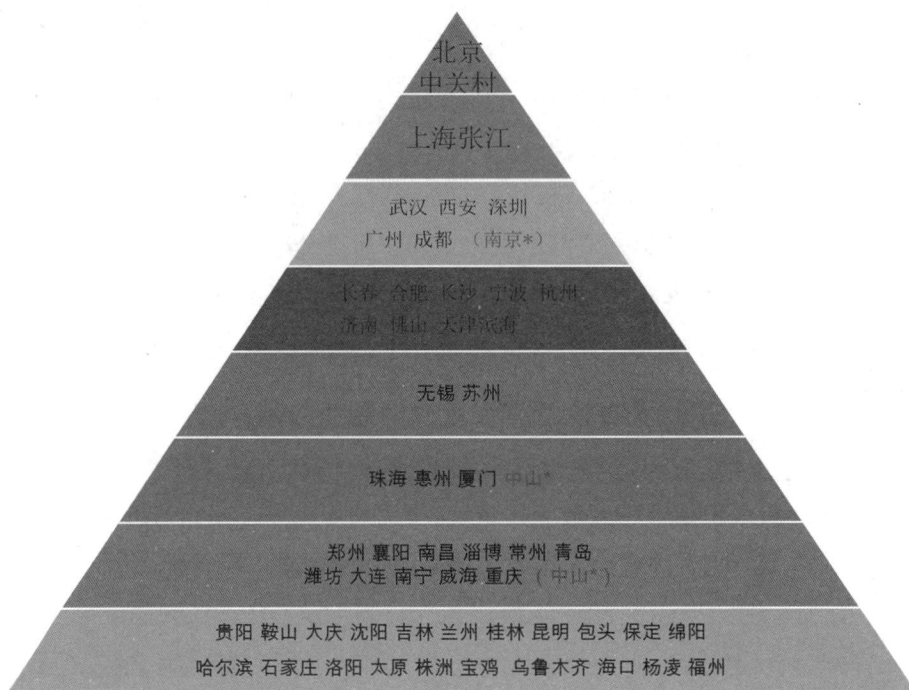

图 4-4 54 个高新区的梯队划分

注：标注 * 的高新区在加权聚类（图 4-3）和未加权聚类（图 4-1）中所属梯队不同，括号表明该高新区在未加权聚类中所属的梯队。

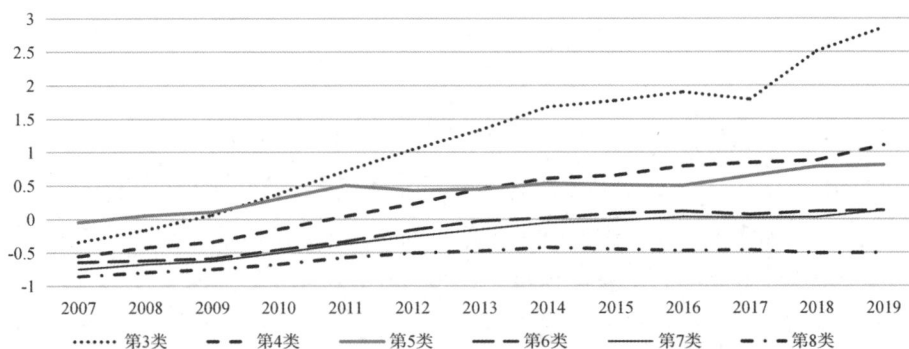

（a）各梯队工业总产值均值折线图

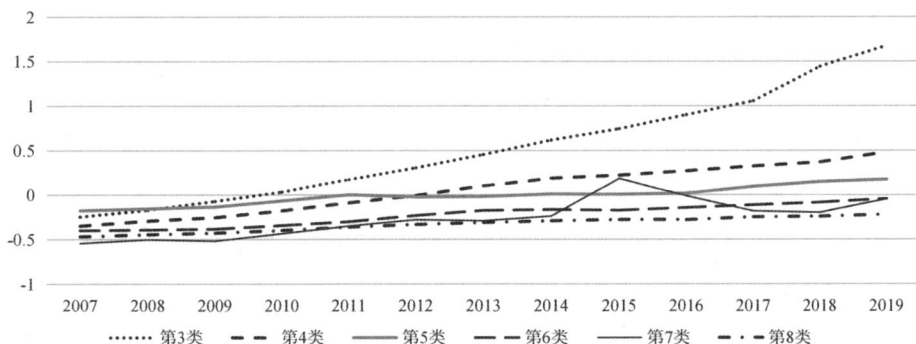

（b）各梯队营业收入均值折线图

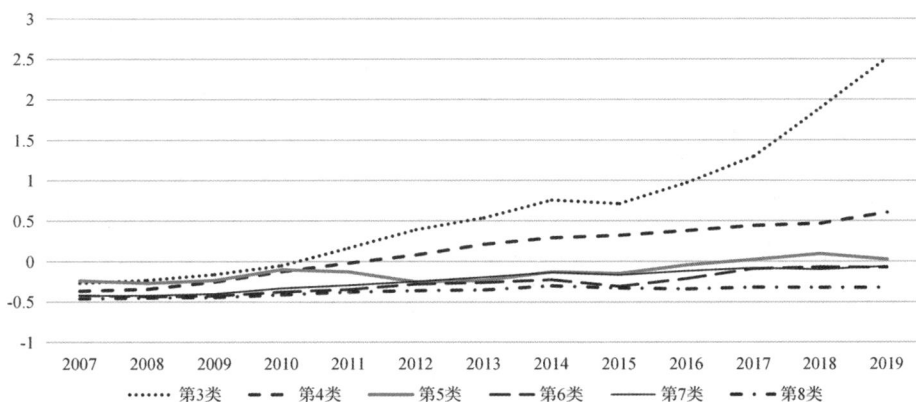

（c）各梯队净利润均值折线图

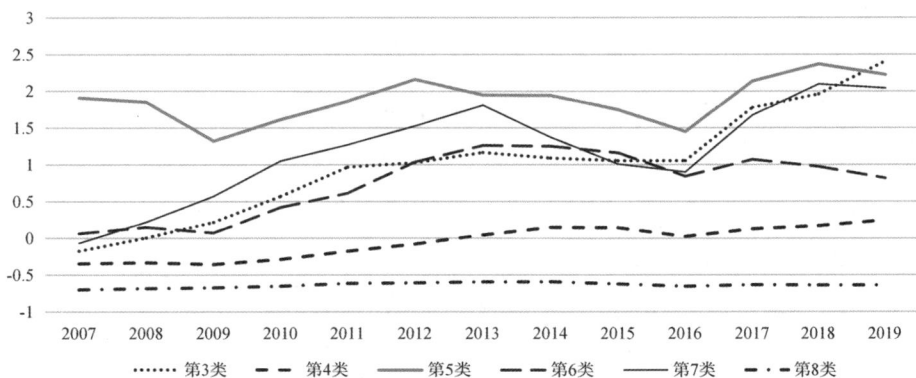

（d）各梯队出口总额均值折线图

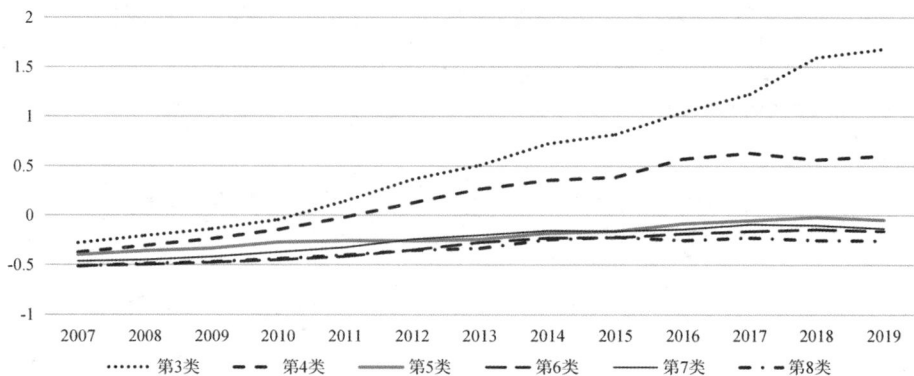

（e）各梯队上缴税额均值折线图

图 4-5　各梯队五个变量均值折线图

等东部高新区不相上下。第三，与之相比，一些老牌沿海高新区的发展却不尽人意，如第五梯队和第六梯队中的惠州、厦门等高新区，它们发展乏力，除出口总额仍保持优势之外，其他方面则差强人意。第四，大部分的中西部高新区属于最末梯队，发展规模较小，在出口创汇方面表现较差，因此还应克服地域的局限性，结合地方特色和优势，发展壮大。

（三）面板数据聚类结果的有效性评价

对比图 4-1 与图 4-3 不难发现，加权聚类与未加权聚类结果有些差别。在加权聚类中，南京与合肥、长沙等在第四梯队，中山与珠海、惠州等在第六梯队；而在未加权聚类中，南京与广州、成都等为同一梯队，中山与济南、大连等为同一梯队。下面对两种聚类结果进行有效性的对比。

1.在空间和时间上的比较

（1）在空间上的比较

中山与第六梯队的珠海、惠州同处广东省，南京与第 4 梯队的合肥地理距离较近，且与杭州同处于江浙地带。而中山与大连、南京与广州却相距甚远。因此从地理空间上看，加权聚类的结果更符合现实情况。

（2）在时间上变化趋势的比较

观察未加权聚类（见图 4-1）和加权聚类的结果（见图 4-3）可以发现，在未加权聚类中，南京与成都、中山与大连距离最近，但在加权聚类中，南京与成都、中山与珠海距离最近。为显示它们变量取值变化趋势的情况，本章将它们历年的工业总产值与出口总额做折线图（基于篇幅考虑，且营业收入、净利润、上缴税额与工业总产值有较高的相关性，此处略去这三个变量的折线图），如图 4-6 所示。

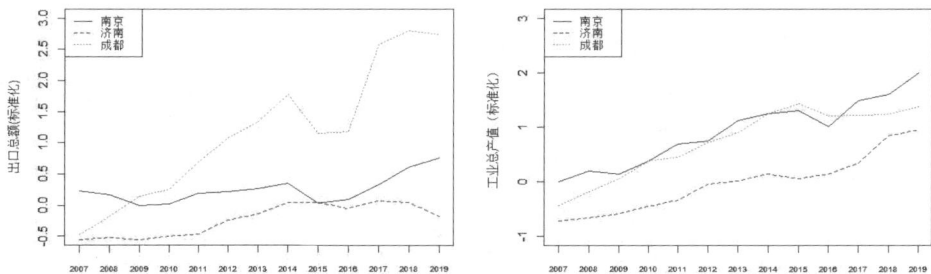

（a）南京与济南、成都工业总产值和出口总额变化趋势图

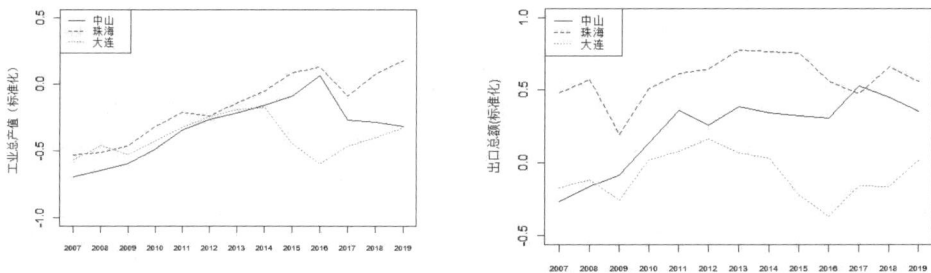

（b）中山与珠海、大连工业总产值和出口总额变化趋势图

图 4-6　2007—2019 年部分高新区工业总产和出口总额变化趋势图

从上面的比较可以看出，第一，图 4-6（a）显示，在工业总产值中，南京高新区在各年份的取值与成都高新区较为接近，但变化趋势却与济南高新区较为相似，它们自 2016 年起出现向上的发展趋势，但成都高新区却自 2015 年起出现向下的趋势；在出口总额中，南京高新区在取值和变化趋势上明显与成都高新区差别较大而与济南高新区较为接近。第二，图 4-6（b）显示，在工业总产值中，中山高新区与珠海高新区取值和变化趋势在 2017 年之前均较为相似，

而与大连高新区自 2014 年之后就出现了较大的差别;在出口总额中,中山高新区与珠海高新区的取值和变化趋势的相似性更为明显。由此也说明,加权聚类比未加权聚类更多地反映出了各高新区在出口总额上的相似性。

另外,从南京高新区与第 3 和第 4 梯队其他高新区在工业总产值和出口总额两个指标上的平均增长量来看(见表 4-3),南京高新区 2007—2019 年工业总产值和出口总额的平均增长量与第 4 梯队中各高新区的较为接近而与第 3 梯队的相差较远(鉴于篇幅且情况较为类似,中山高新区与第 6、7 梯队的平均增长率,就不再展示)。

表 4-3　南京高新区与第 3、4 梯队各高新区的平均增长量

		工业总产值	出口总额			工业总产值	出口总额
第3梯队	武汉 32	0.1652	0.1507	第4梯队	天津滨海 2	0.0832	0.0122
	广州 36	0.2802	0.0843		长春 10	0.1458	0.0153
	深圳 37	0.4146	0.3865		杭州 19	0.1353	0.0074
	成都 45	0.1507	0.2675		宁波 20	0.1309	0.0812
	西安 50	0.3240	0.1884		合肥 21	0.1597	0.1298
					济南 25	0.1401	0.0322
					长沙 34	0.1208	0.0595
					佛山 41	0.1593	0.0626
					南京 *	0.1672	0.0438

上述比较也表明加权聚类其实是对未加权聚类的一种调整。

2.在有效性评价指标上的比较

在聚类中,常需要一些评价聚类结果有效性的指标(clustering validity indices)来比较不同方法下聚类结果的效果。这些指标结合了类内紧凑度、类间分离度以及数据的几何或统计特性等信息。本章选取了其中的 McClain、Frey、Dunn 和 Cindex 等四个指标来对上述加权和未加权聚类结果的有效性进行评价。这些指标的计算公式分别为:

$$\text{McClain} = \frac{\overline{S}_w}{\overline{S}_b} = \frac{S_w/N_w}{S_b/N_b} \tag{4-16}$$

$$\text{Frey} = \frac{\overline{S}_{b j+1} - \overline{S}_{b j}}{\overline{S}_{w j+1} - \overline{S}_{w j}} \tag{4-17}$$

$$\text{Cindex} = \frac{S_w - S_{\min}}{S_{\max} - S_{\min}}, S_{\max} \neq S_{\min}, \text{Cindex} \in (0,1) \tag{4-18}$$

式(4-16)~(4-18)中，S_w 是所有类的类内点对距离和，S_b 是所有类的类间点对距离和，N_w 是所有类中属于同一类的点对个数的和；N_b 是所有不在同一类的点对个数的和；$S_{\min}$ 是整个数据集中 N_w 个最小距离的和，$S_{\max}$ 是 N_w 个最大距离的和。

$$\text{Dunn} = \frac{\min\limits_{1 \leqslant i < j \leqslant q} d(C_i, C_j)}{\max\limits_{1 \leqslant k \leqslant q} \text{diam}(C_k)} \tag{4-19}$$

式(4-19)中，$d(C_i, C_j)$ 是两个类 C_i 和 C_j 的相异函数，用这两个类间点对(这两点分属不同的类)中的最小距离来表示，即 $d(C_i, C_j) = \min\limits_{x \in C_i, y \in C_j} d(C_i, C_j)$。$\text{diam}(C_k)$ 是一个类的类直径，用该类内距离最远的点对距来表示，即 $\text{diam}(C) = \max\limits_{x,y \leqslant C} d(x,y)$。

在这四个评价指标中，McClain 和 Cindex 的指标值越小，说明聚类效果越好，而 Dunn 是指标值越大说明聚类效果越好，Frey 则是当该指标值降到 1.00 以下时，效果最好。本章据此计算了图 4-1 和图 4-3 的各评价指标结果，如表 4-4 所示。

表 4-4　聚类效果的有效性评价

指标	McClain	Cindex	Dunn	Frey
面板数据加权聚类	0.6514	0.2688	0.1618	0.4496
面板数据未加权聚类	0.6809	0.2942	0.1470	3.3089

可以看出，四个有效性指标值均显示基于图 4-3 的面板数据加权聚类的效果要优于图 4-1 的未加权聚类的效果。这主要是因为加权聚类在综合距离中给予"出口总额"更多的权重，使得聚类时更多地考虑了各对象在该指标上的差异性。根据式(4-13)计算的类内离差平方和也说明了这一点，加权聚类中各对象在"出口总额"上的类内离差平方和为 103.52，而未加权中各对象在"出口总额"上的类内离差平方和是 122.81。这些均表明通过面板数据加权聚类确实能够较全面地反映各对象在所有变量上的相似性。

四、结论

本章主要是通过时间序列相似性的度量方法来解决面板数据聚类的问题。由于时间序列相似性的度量方法已成熟且可通过相应地统计软件 R 或 Python 来实现,因此本章的方法易于理解,具有较强的可操作性。另外,本章仅选用了 DTW 的时间序列相似性度量方法进行分析。实际上,笔者还使用了其他的时间序列相似性度量方法(如前文所提到离散小波变换、离散傅里叶变换等)来进行分析,分析结果均显示在变量存在较强相关的情况下,加权聚类要优于未加权聚类。当然不论选择哪种度量方法,聚类的步骤都是相同的。

通过本章的分析,我们基于经济规模视角对 54 个国家级高新区进行了梯队的划分,并由此发现了各梯队高新区的发展特点。总体来看,高新区的地理位置在很大程度上影响其发展,北京中关村和上海张江两个高新区经济规模巨大,除出口创汇能力外,其他方面优势明显;东部部分沿海地区的出口创汇能力较强,但后劲儿不足;中西部地区中具有重要地理位置的武汉、西安和成都等地高新区近几年发展迅猛,其他中西部地区还有很大的提升空间,可以通过因地制宜创办特色产业来促进发展。

第五章

国家高新区经济效益的动态评价

从总体上来看,近几年国家高新区在科技创新的引领下,通过采用先进的管理模式,大量应用新技术、新材料等方式推动了要素生产率的不断提升,实现了优化产业结构、资源集约利用的目标,尽管相关资料显示国家高新区内的人均产能在经过多年持续增长之后已经逐步趋于稳定,但我们认为国家高新区的经济规模并未对其经济效益产生良好的促动作用。因此,仅以绝对经济指标来评价国家高新区的经济运行质量是不够的,还应将各国家高新区的经济效益发展状况纳入经济运行质量的评价当中。另外,不同地区的国家高新区经济效益差别巨大,也亟须对国家高新区的经济效益的动态发展状况进行相似性分析。因此本章的重点是利用面板数据的多维标度分析方法对2007—2019年我国国家高新区经济效益的发展情况进行分析并据此对国家高新区划分梯队。

一、引言

多维标度分析是多元统计分析的经典方法之一。它要解决的问题是:当多维空间中 n 个对象,其两两对象间的相异性(或距离)给定时,确定这些对象在低维空间(二维或三维)中的表示(拟合构图),并使其尽可能与原先多维空间中的相异性(或距离)"匹配",以使得由降维引起的任何变形达到最小。因此该方法能够在低维空间反映多维空间中对象之间的相异性,从而使人们能够在低维空间可视化原始数据对象间的关系并探索其结构。

　　传统的多维标度方法主要研究的是截面数据，如张菊花和魏立力(2014)、王建军和杨辉平(2016)、张嘉祺和郝旭光(2018)。近年来，一些学者将其与时空地质统计学方法、遗传算法等其他方法结合用以处理空间点等不同类型的数据，如 Tenreiro Machado(2014)、Mateu 等(2015)、Fernandez-Aviles 和 Montero 等(2016)。还有一些学者致力于利用多维标度方法来探索时间序列数据的结构。他们在研究中发现欧氏距离这种传统的相异性度量方法不能很好地测度时间序列数据，如 KrilaviČIus 和 MorkeviČIus(2011)，Cox(2013)，Lopes 和 Tenreiro Machado(2014)，Tenreiro Machado 和 Eugenia Mata (2015)，Lopes 等(2016)，He 和 Shang(2018)等。为此，他们提出了诸如齐性分析(Homogeneity analysis)、相关分析的相异性度量方法(Correlation similarity)、基于余弦相关系数(cosine correlation)和 Canberra 距离(Canberra distance)、基于直方距离(Histogram distance similarity)、动态时间规整(Dynamic time warping distance，DTW)和傅里叶变换(Fourier transform)等时间序列的相异性度量方法，并将这些方法应用于国家间股票指数的动态相似性等金融时间序列以及温度时间序列的研究中。

　　但在实际中还有一种常见的数据形式——面板数据。本章不仅将已有的截面数据多维标度方法进行扩展以分析我国国家高新区经济效益的动态发展情况，还将利用面板数据的加权多维标度分析将国家级高新区按照经济效益的发展变化进行梯队的划分并将其可视化。

二、已有方法的扩展

(一)基于个体差异的加权欧氏距离多维标度方法介绍

在截面数据中,基于个体差异的加权欧氏距离多维标度方法(Weighted Multidimensional Scaling for Individual Differences,简称 IND-WMDS)的原理如下(Krane,1978;Leeuw,Mair,2009):

(1)设由 P 个个体对 n 个对象进行比较评测,得到 P 个 $n \times n$ 的相异矩阵,如由 10 个人分别对 5 种饮料进行饮料口味的两两相异性评测,就会得到 10 个 5×5 的相异性矩阵。然后将它们分别转换为距离阵 $\Delta_k (k = 1, 2, \cdots, P)$,每个距离阵都有自己的 r 维拟合构图 C^k(为便于可视化多维标度分析的结果,一般情况下 $r = 2$ 或 3)。其中,拟合构图 C^k 是通过寻找应力(Stress)值达到最小的方法得到。Stress 值反映了原始多维空间中对象间的距离与拟合构图中距离的匹配程度。即先将 n 个对象随意放置在 r 维空间,形成一个拟合构图,其中第 i 个对象在 r 维空间中的坐标,用 $X_i = (X_{i1}, X_{i2}, \cdots, X_{ir})'$ 表示,则对象 x_i 和 x_j 在 r 维拟合构图中的距离为:

$$\delta_{ij} = \sqrt{(X_{i1} - X_{j1})^2 + (X_{i2} - X_{j2})^2 + \cdots + (X_{ir} - X_{jr})^2} \tag{5-1}$$

然后微调 n 个对象在 r 维构图中的位置,以使得第 i 个对象和第 j 个对象在拟合构图中距离 δ_{ij} 与它们在原始多维空间的距离 d_{ij} 之间尽可能地匹配,这种微调将在匹配程度无法改进时停止。目前有多种度量 Stress 值的形式,常用的是 Stress1 形式,计算公式如下:

$$\text{Stress1} = \sqrt{\frac{\sum_{i<j} (\delta_{ij} - d_{ij})^2}{\sum_{i<j} (d_{ij})^2}} \tag{5-2}$$

(2)将每个个体的拟合构图加权得到公共拟合构图。其中,权重是根据不同个体的拟合构图之间的差异赋予的,与其他拟合构图差异大的赋予较大权重,差异小的赋予较小权重,由此给出一个能够综合反映 P 个个体情况的 r 维公共拟合构图 C^*。具体方法如下:

设 X_{iq} 表示第 i 个对象在公共拟合构图 C^* 中的第 q 维坐标($q=1,\cdots,$ r),则对于第 k 个个体第 i 个对象在公共拟合构图 C^* 中第 q 维的坐标为 $Y_{iq}^{(k)}$。

$$Y_{iq}^{(k)} = w_{kq}X_{iq} \tag{5-3}$$

式(5-3)中 w_{kq} 为第 k 个个体在第 q 维上的权重,反映了该个体分配到公共拟合构图第 q 维上的重要性。对于第 k 个个体,对象 i 和 j 在公共拟合构图 C^* 中的欧氏距离为:

$$\delta_{ij}^{(k)} = \sqrt{\sum_{q=1}^{r}(Y_{iq}^{i} - Y_{jq}^{(k)})^2} = \sqrt{\sum_{q=1}^{r}w_{kq}^2(X_{iq}-X_{jq})^2} \tag{5-4}$$

对于公共拟合构图 C^*,其 Stress1 值的计算公式为:

$$\text{Stress1}(C^*) = \sqrt{\frac{\sum_{k=1}^{P}\sum_{i<j}(\delta_{ij}^k - d_{ij}^k)^2}{\sum_{k=1}^{P}\sum_{i<j}(d_{ij}^k)^2}} \tag{5-5}$$

式(5-5)中,d_{ij}^k 是第 k 个个体距离阵 Δ_k 中第 i 个对象和第 j 个对象的距离,δ_{ij}^k 是第 k 个个体第 i 个对象和第 j 个对象在公共拟合构图 C^* 中的距离。该 Stress 值反映了在低维的公共拟合空间 C^* 中对象间的距离,与 P 个个体的相异矩阵的匹配程度。Stress 值越小,说明该公共拟合空间中对象间的距离与 P 个个体给出的 n 个对象的相异性匹配程度较高;反之则说明相异性匹配程度较差。一般可以采用非线性迭代最小平方法(CARROLL,CHANG,1970)求得使 Stess1 值尽可能小的 r 维公共拟合空间中 n 个对象的坐标以及权重 w_{kq}。

(二)IND-WMDS 在面板数据中的应用

面板数据是截面数据与时间序列数据的结合,面板数据中每一个对象有

60

多个变量,且每个变量的取值都是一个时间序列。基于面板数据的这一特点,可以将不同的变量视为不同的个体,通过时间序列相异性度量方法得到每个变量下的对象间的距离阵 Δ_k;抑或者是将不同的时间点视为不同个体,通过截面数据距离的度量如欧氏距离得到每个时间点下的对象间的距离阵 Δ_k,然后按照 IND-WMDS 方法得到公共拟合构图,从而实现面板数据的多维标度分析。

1.将变量视为个体的 IND-WMDS 方法(简称 VIND-WMDS)

面板数据 $x_{it}^{(k)}$, $i=1,2,\cdots,n$, $k=1,2,\cdots,P$, $t=1,2,\cdots,T$, 有 n 个对象,每个对象有 P 个变量,时间有 T 期。第 i 个对象 x_i 在第 k 个变量上的取值 $\{x_{i1}^{(k)},x_{i2}^{(k)},\cdots,x_{iT}^{(k)}\}$ 是一个时间序列。因此,可以按照时间序列相异性的度量方法计算出第 i 个对象 x_i 和第 j 个对象 x_j 在第 k 个变量上取值 $\{x_{i1}^{(k)}, x_{i2}^{(k)},\cdots,x_{iT}^{(k)}\}$ 和 $\{x_{j1}^{k},x_{j2}^{k},\cdots,x_{jT}^{k}\}$ 的距离,记为 $d_{ij}^{(k)}$。时间序列相异性的度量方法有很多,应用较为广泛的方法如动态时间规整的方法(DTW)(Montero,Vilar,2014),它是典型的优化问题,计算公式为:

$$d_{ij}^{(k)} = \min_{r \in M}(\sum_{q=1,\cdots,m} \mid x_{i,a_q}(k) - x_{j,b_q}(k) \mid) \qquad (5\text{-}6)$$

式(5-6)中,M 为 m 对按照观测顺序排列的点对的集合,$a_q,b_q \in \{1,\cdots,T\}$,且 $a_1=b_1=1,a_m=b_m=T$

$$r = \{[x_{i,a_1}(k) - x_{j,b_1}(k)],\cdots,[x_{i,a_m}(k) - x_{j,m}(k)]\}$$

根据式(5-6)计算出所有对象间在第 k 个变量上的距离,形成距离阵 $\Delta_k(k=1,2,\cdots,P)$ 后即可按照 IND-WMDS 方法进行面板数据的多维标度分析。在分析结果中,不仅能够得到所有对象在低维公共拟合构图中的位置,还可以得到各变量在公共拟合构图不同维度上的权重 w_{kq},该权重说明了公共拟合构图的各维度主要是反映了哪些变量的情况。

2.将不同时间视为个体的 IND-WMDS(简称 TIND-WMDS)

面板数据 $x_{it}^{(k)}$,对于每一个时间点 t 下,$x_i^{(k)}$ 都是一个截面数据,因此可将不同的时间点视为不同的个体,其中每个时间点下对象间的距离使用的是截面数据的距离计算公式,如可使用欧氏距离:

$$d_{ij} = \sqrt{\sum_{k=1}^{P} \left[x_i^{(k)} - x_j^{(k)} \right]^2} \tag{5-7}$$

同样,计算出所有对象间在第 t 个时间点下的距离阵 $\Delta_t (t=1,2,\cdots,T)$ 后,根据 IND-WMDS 方法即可得到公共拟合构图及各时间点在公共拟合构图各维度上的权重 w_{tq}。需要注意的是,这种方法虽然可以对面板数据进行多维标度分析,但 w_{tq} 是根据各个时间点的拟合构图的差异赋予的,因此,未必符合时间序列预测中按照时间由近及远赋予从大到小权重的原则。如果赋予较远年份较大权重,那么其公共拟合构图所展现的也是若干年前对象间的情况,这样分析的意义就不大。

三、基于变量动态相关关系的面板数据加权多维标度方法

上面的两种方法是对已有截面数据多维标度方法的扩展,分别将变量或时间进行割裂,视为不同个体,然后按照个体差异赋予权重并给出低维空间的公共拟合构图。本章仍沿用第四章的思想,将面板数据视为一个整体进行多维标度分析,基于变量间的相关关系来度量变量的重要性并赋予权重,然后在加权距离阵的基础上进行面板数据的多维标度分析(Panel Data Weighted Multidimensional Scaling based on Dynamic Correlation of Variables,简称 DCV-PWMDS)。具体方法如下:

(1)计算每个对象两变量的动态相关关系。对于一个面板数据 $x_{it}^{(k)}$,$i=1,2,\cdots,n,k=1,2,\cdots,P,t=1,2,\cdots,T$,第 i 个对象 x_i 的第 k 个变量和第 l 个变量($l=1,2,\cdots,P$,且 $k \neq l$)在 T 个时间点上的取值 $\{x_{i1}^{(k)}, x_{i2}^{(k)}, \cdots, x_{iT}^{(k)}\}$ 与 $\{x_{i1}^{(l)}, x_{i2}^{(l)}, \cdots, x_{iT}^{(l)}\}$ 是两个时间序列。

同样,为反映两个时间序列取值随时间变化的方向和变化率。这里仍选用与式(4-1)相同的一阶差分时间相关系数,具体计算公式如下:

$$\mathrm{CORT}(x_i^{(k)}, x_i^{(l)}) = \frac{\sum_{t=1}^{T-1} (x_{it+1}^{(k)} - x_{it}^{(k)})(x_{it+1}^{(l)} - x_{it}^{(l)})}{\sqrt{\sum_{t=1}^{T-1} (x_{it+1}^{(k)} - x_{it}^{(k)})^2} \sqrt{\sum_{t=1}^{T-1} (x_{it+1}^{(l)} - x_{it}^{(l)})^2}} \tag{5-8}$$

（2）计算所有对象两变量的相关关系。同样，与式（4-2）相同，本章面板数据中第 k 个变量和第 l 个变量的相关系数计算公式为：

$$\text{CORT}(x^{(k)},x^{(l)}) == \frac{\sum_{i=1}^{n}\sum_{t=1}^{T-1}[(x_{it+1}^{(k)}-x_{it}^{(k)})(x_{it+1}^{(l)}-x_{it}^{(l)})]}{\sqrt{\sum_{i=1}^{n}\sum_{t=1}^{T-1}(x_{it+1}^{k}-x_{it}^{k})^2}\sqrt{\sum_{i=1}^{n}\sum_{t=1}^{T-1}(x_{it+1}^{l}-x_{it}^{l})^2}}$$

（5-9）

重复上述计算，即可得到 P 个变量的相关系数阵：

$$\begin{bmatrix} \text{CORT}(x^{(1)},x^{(1)}) & \cdots & \text{CORT}(x^{(1)},x^{(P)}) \\ \vdots & \ddots & \vdots \\ \text{CORT}(x^{(P)},x^{(1)}) & \cdots & \text{CORT}(x^{(P)},x^{(P)}) \end{bmatrix}_{P\times P} 。$$

（3）计算每个变量的权重。与式（4-3）～式（4-5）相同，每个变量的权重 w_k 的计算公式为：

$$w_k = \frac{Z_k}{\sum_{k=1}^{P}Z_k}, k=1,\cdots,P$$

（5-10）

其中，$Z_k = 1/D_k$，$D_k = \frac{1}{(P-1)}\sum_{l=1}^{P}\text{CORT}(x^{(k)},x^{(l)})$。

（4）计算对象 x_i 和 x_j 之间的加权距离。这里，基于时间序列的相异性度量计算出所有两两对象在第 k 个变量上的距离，如式（5-6），从而形成距离阵 $\Delta_k(k=1,2,\cdots,P)$，将这 P 个距离阵加权求和，形成初始距离阵 Δ^*：

$$\Delta^* = \sum_{k=1}^{P}(w_k \times \Delta_k)$$

（5-11）

Δ^* 也可以表达成 $(d_{ij}^*)_{n\times n}(1 \leqslant i,j \leqslant n)$，其中，第 i 行第 j 列元素 d_{ij}^* 为：

$$d_{ij}^* = \sum_{k=1}^{P}(w_k \times d_{ij}^{(k)})$$

（5-12）

（5）寻找 Stress 值最小的拟合构图。通过微调 n 个对象在 r 维构图中的位置，以使得第 i 个对象和第 j 个对象在拟合构图中距离 δ_{ij}^*，与它们在原始

多维空间的距离 d_{ij}^* 之间尽可能地匹配。这里,匹配程度仍使用 Stress1 值来反映。

另外,拟合构图的维数通常是通过 Stress 值碎石图来确定的。该碎石图的横轴是拟合构图的维数 r,纵轴是 Stress 值,从 $r = 2$ 开始将最小 Stress(r) 对 r 作图。图中各点随 r 的增加而呈下降排列。此时找到一个 r,下降趋势到这一点开始接近水平状态,即形成一个"肘"形曲线,这个 r 便是拟合构图的"最佳"维数。

四、国家高新区经济效益的动态相似性分析

(一)数据来源和变量介绍

本章的研究对象仍为自 2007 年就有的 54 个国家级高新区(与第四章相同,本章将国家级高新区简称为高新区,各地区国家级高新区均用其地名作为简称),研究的时间跨度为 2007—2019 年。为反映国家级高新区经济效益的发展变化,本章基于表 3-1 选取了 5 个反映经济效益的指标:人均工业总产值(工业总产值/年末从业人员数)、人均营业收入(营业收入/年末从业人员数)、人均净利润(净利润/年末从业人员数)、人均出口总额(出口总额/年末从业人员数)及人均上缴税额(上缴税额/年末从业人员数)。数据均来源于《中国火炬统计年鉴》(2008 版—2020 版)。

为避免计量单位和数量级水平的影响,在实证分析前将变量标准化,标准化后的人均工业总产值(Per capita Gross Industrial Output Value)、人均营业收入(Per capitaTotal Income)、人均净利润(Per capita Net Profit)、人均出口总额(Per capita Export)及人均上缴税额(Per capita Taxes Submitted)等 5 个变量分别用 GIOV pc、TI pc、NT pc、Ex pc 和 TS pc 来表示。

(二)基于 VIND-WMDS 方法的实证分析过程及结果

根据 VIND-WMDS 方法的思想,这里,将 5 个变量视为 5 个个体,54 个高新区视为 54 个对象,即 $k=1,2,\cdots,5,n=54$。每个高新区的每个变量都是有 13 个取值的时间序列。此时需要时间序列的相异性度量方法来计算得到每个变量下所有两两高新区间的距离。为对比说明欧氏距离在时间序列相异性度量中的不足,本章分别通过欧氏距离(EUCL)和 DTW 方法来计算距离阵。然后,按照上文的 IND-WMDS 的方法找到使得 Stress1 值最小的 2 维拟合构图及 5 个变量在二个维度上的权重。

1.基于 DTW 方法的 VIND-WMDS(简称 DTW-VIND-WMDS)

按照 VIND-WMDS 方法,首先利用 DTW 方法得到 5 个变量的距离阵及其拟合构图。然后,在迭代了 76 次后找到了 Stress1 值最小(0.3832)的 2 维公共拟合构图及各变量在该公共拟合构图两个维度上的权重,如表 5-1 所示(表中的权重已归一化)。

表 5-1　各变量在公共拟合构图中权重(DTW-VIND-WMDS)

指标　　维度	GIOV pc	TI pc	NP pc	Ex pc	TS pc
Dimension 1	0.2452	0.2519	0.2415	0.0115	0.2499
Dimension 2	0.1244	0.1287	0.1472	0.5041	0.0956

从表 5-1 可以看出,人均工业总产值、人均营业收入、人均净利润以及人均上缴税额 4 个变量在公共拟合构图中横轴上的权重较大,而人均出口总额在纵轴上权重特别大,已超过了一半(0.5041)。这说明各高新区在该公共拟合构图横轴上的位置主要反映了它们在人均工业总产值、人均营业收入、人均净利润以及人均上缴税额 4 个变量上取值的动态变化的相似性,而在纵轴上的位置则主要反映它们人均出口总额的动态相似性。我们推断,这种权重的分配是由变量间的相关关系造成的,即人均工业总产值、人均营业收入、人均净利润以及人均上缴税额 4 个变量有较强的相关关系,因此它们各自的拟合

构图差别不大;而人均出口总额与这 4 个变量的相关关系较弱,需要专门通过纵轴来反映它的信息。

各高新区在该 2 维拟合构图中的具体位置,如图 5-1 所示。

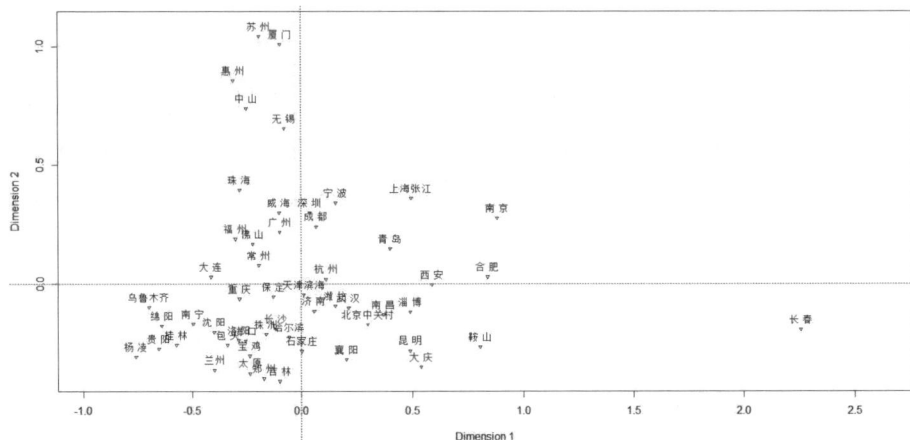

图 5-1 基于 DTW 时间序列度量方法的 IND-WMDS 面板数据多维标度分析结果

结合表 5-1 和图 5-1 可以看出:长春高新区在除人均出口总额以外的其他方面经济效益是最好的,但它在出口方面的表现不佳。与之相反,苏州、厦门、惠州、中山、无锡等高新区的特色主要体现在出口上,其他方面的经济效益却不令人满意。

为印证这一点,这里选取在图 5-1 中纵轴上取值最大的苏州和厦门,横轴上取值最大的长春进行对比,见图 5-2。图 5-2 是 2007—2019 年苏州、厦门和长春 5 个指标取值的箱线图(图中,长春 GIOV pc 所对应的箱线图是根据长春 2007—2019 年的人均工业总产值的 13 个取值所作,其他箱线图情况类似,不再赘述)。

从图 5-2 可以看出,确如上面的分析,长春高新区的人均出口总额每年变化不大,且不及所有高新区的平均水平。但它的其他效益指标发展势头强劲,尤其是人均上缴税额表现最为抢眼。与之相反,苏州高新区和厦门高新区,5个指标中只有人均出口总额表现不俗,其他指标勉强与所有高新区的平均水平相当。苏州高新区的其他效益指标普遍比厦门高新区的差一些。这也是在

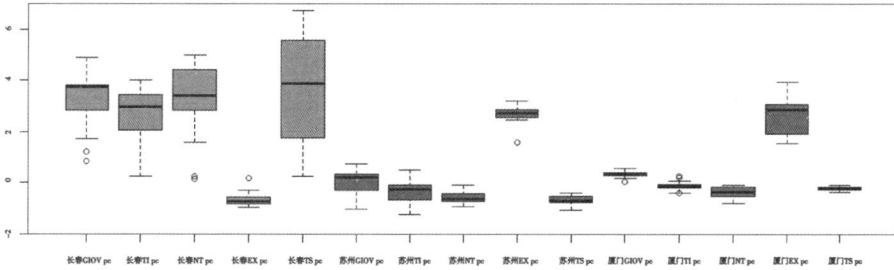

图 5-2　2007—2019 年苏州、厦门和长春 5 个指标的取值箱线图

图 5-1 中,厦门高新区在横轴上的位置要比苏州的位置更靠右些的原因。

2.基于 EUCL 的 VIND-WMDS(简称 EUCL-VIND-WMDS)

EUCL 距离在时间序列中的计算公式为:

$$d_{ij}^{(k)} = \sqrt{\sum_{t=1}^{T} \left[x_{it}(k) - x_{jt}(k) \right]^2} \tag{5-13}$$

根据式(5-13)计算得到 5 个变量的距离阵,在迭代 136 次找到了 Stress1 值最小(0.342)的二维公共拟合构图及各变量在公共拟合构图中二个维度上的权重(已将重要性归一化),如表 5-2 所示。

表 5-2　各变量在公共拟合构图中权重(EUCL-VIND-WMDS)

指标 \ 维度	GIOV pc	TI pc	NP pc	Ex pc	TS pc
Dimension 1	0.2390	0.2444	0.2348	0.0356	0.2462
Dimension 2	0.1517	0.1509	0.1582	0.4294	0.1097

表 5-2 中各变量在公共拟合构图两个维度上的权重分配与表 5-1 类似,人均工业总产值、人均营业收入、人均净利润和人均上缴税额在横轴上的权重较大,人均出口总额在纵轴上的权重很大。表 5-1 和表 5-2 的差别主要体现在权重的具体取值上。EUCL-VIND-WMDS 的 2 维公共拟合构图,如图 5-3 所示。

3.DTW-VIND-WMDS 和 EUCL-VIND-WMDS 实证分析结果的比较

比较图 5-1 和图 5-3 可以看出,两个公共拟合构图最明显的差别在于郑

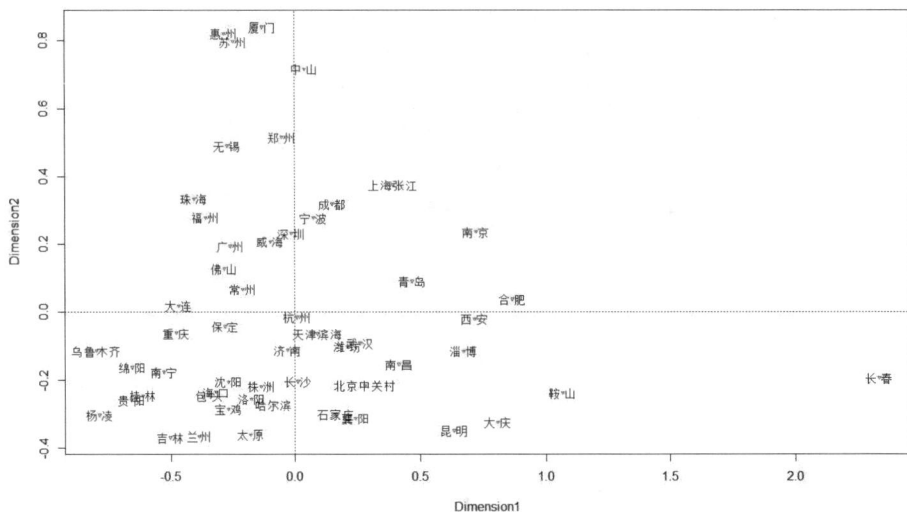

图 5-3　基于 EUCL 时间序列度量方法的 VIND-WMDS 面板数据多维标度分析结果

州所处的梯队。在图 5-1 中苏州、无锡、厦门、中山、惠州等 5 个高新区在纵轴上取值较大,属于人均出口总额中表现最好的。而在图 5-3 中郑州高新区在纵轴上的取值也很大,也划分到了出口效益好的梯队中。本章将上述 6 个高新区的历年人均出口总额作折线图,如图 5-4 所示。

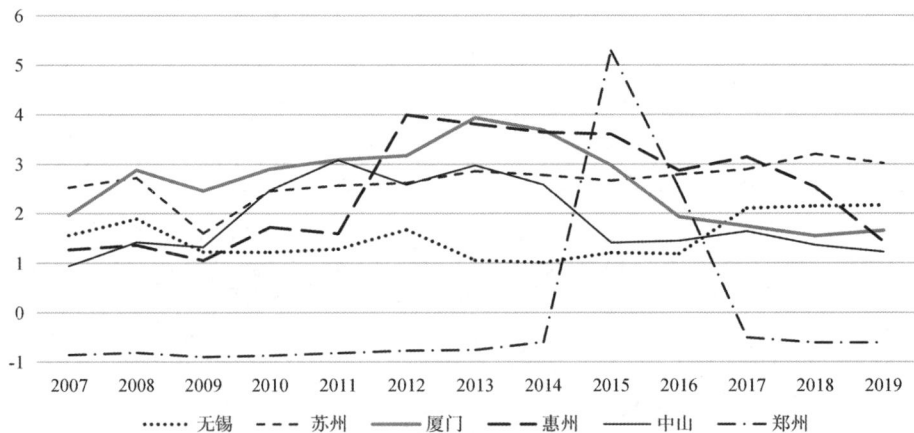

图 5-4　部分高新区的人均出口总额折线图

从图 5-4 可以看出,郑州高新区与其他 5 个高新区的取值存在差别,且该高新区 2015 年和 2016 年的人均出口总额存在异常波动(经核查,数据出自年鉴,不存在录入错误)。另外,从地域上看,郑州高新区属于中部地区,而其他 5 个高新区则属于东部地区,因此将郑州与苏州等 5 个高新区划归为一个梯队是不合适的。

另外,对比图 5-1 和图 5-3 还可发现,各高新区在横轴和纵轴上的具体位置也有差别,如南京高新区和合肥高新区。在图 5-1 中南京在横轴上的位置比合肥更靠右,而在图 5-3 中则相反。这里将南京高新区和合肥高新区的历年人均工业总产值作折线图,如图 5-5 所示。

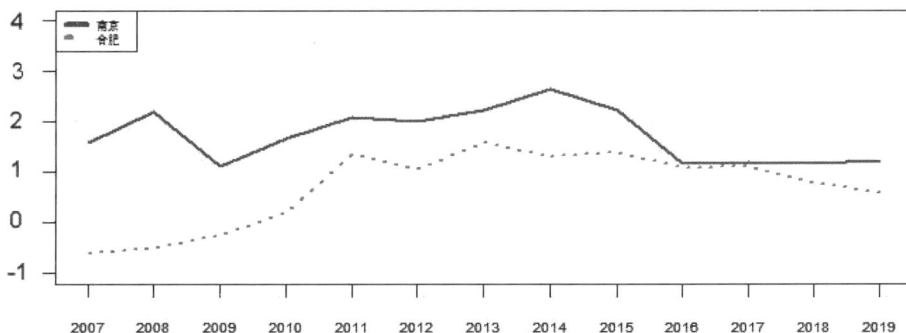

图 5-5　南京高新区和合肥高新区历年人均工业总产值的折线图

图 5-5 中,南京高新区的人均工业总产值在各年份都要好于合肥,因此南京高新区在横轴上的位置比合肥高新区更靠右较符合现实情况。

对比说明通过欧氏距离进行时间序列的相异性度量的确不太合适。基于 DTW 时间序列相异性度量的分析结果更合适。

(三)基于 TIND-WMDS 方法的实证分析过程及结果

TIND-WMDS 方法是将每个时间点视为一个个体。在本章的实证分析中,时间是自 2007 到 2019 年,共 13 年,因此有 13 个截面数据。使用欧氏距离(EUCL)计算得到每一个年份的距离阵 Δ_t($t=1,2,\cdots,13$)及拟合构图,而后迭代得到 Stress1 值最小 2 维公共拟合构图及各年份在该图的二个维度上

的权重(已将重要性归一化)如表 5-3 所示:

表 5-3　各年份在公共拟合构图各维度上的权重

维度 年份	2007	2008	2009	2010	2011	2012	2013
Dimension 1	0.049	0.049	0.066	0.070	0.076	0.086	0.087
Dimension 2	0.108	0.110	0.096	0.090	0.085	0.069	0.066

维度 年份	2014	2015	2016	2017	2018	2019	
Dimension 1	0.089	0.085	0.088	0.088	0.086	0.082	
Dimension 2	0.062	0.064	0.059	0.061	0.062	0.067	

从表 5-3 权重的分配来看,第一个维度较多地反映了 2012 年之后的情况,而第二维度较多反映的是 2012 年之前的情况。这从另一个侧面反映出 2012 年我国实施的供给侧改革也影响了我国国家级高新区的发展。TVIND-WMDS 的 2 维公共拟合构图如图 5-6 所示。

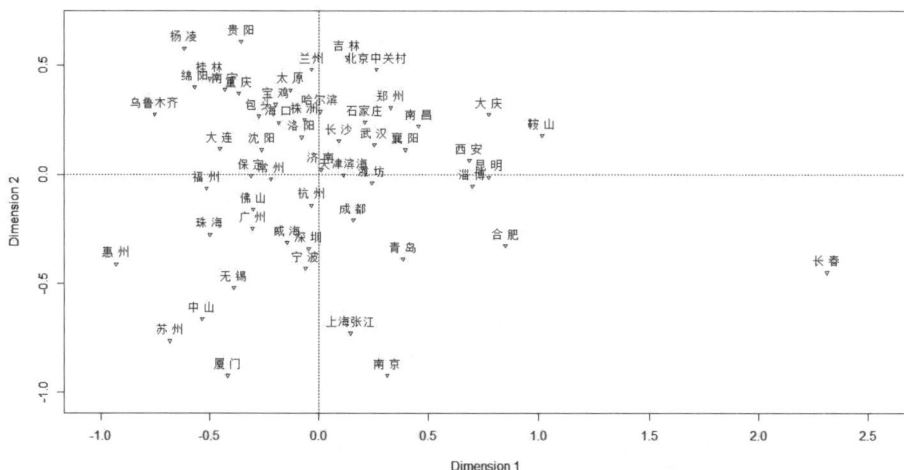

图 5-6　基于 TIND-WMDS 方法的国家级高新区经济效益多维标度分析

比较图 5-6 与图 5-1、图 5-3 可以发现,各高新区在图 5-6 与图 5-1、图 5-3 中的位置差别较大。且无法通过各高新区在该图中的位置去解读它们在经济效益上的动态变化情况。因此,TIND-WMDS 方法虽然可以在面板数据中使用,但其解释性较差,我们不建议使用。

(四)基于变量动态相关的面板数据加权多维标度分析(DCV-PWMDS)过程及结果

在上文 DTW-IND-WMDS 和 EUCL-IND-WMDS 的实证分析中,我们已发现这 5 个效益指标间是存在一定的相关关系的,且这两种方法在生成公共拟合构图时都考虑了这种相关关系。但它们只给出了各变量在不同维度上的权重,并不能综合反映各变量间的相关关系。下面本章将通过 DCV-PWMDS 方法度量各变量动态变化的相关关系并据此进行多维标度分析。

1.变量动态相关关系及权重的计算

首先根据式(5-10)计算各变量间的动态相关关系,见表 5-4。

表 5-4　变量间的相关系数及各变量权重

	人均工业总产值	人均营业收入	人均净利润	人均出口总额	人均上缴税额
人均工业总产值	1	0.7572	0.4309	0.2654	0.4447
人均营业收入	0.7572	1	0.3666	0.2309	0.4877
人均净利润	0.4309	0.3666	1	0.0048	0.2619
人均出口总额	0.2654	0.2309	0.0048	1	−0.0011
人均上缴税额	0.4447	0.4877	0.2619	−0.0011	1
D_j	0.4746	0.4606	0.266	0.125	0.2983
Z_j	2.1070	2.1711	3.7594	8	3.3523
w_j	0.1087	0.112	0.1939	0.4126	0.1729

表 5-4 中的相关系数说明人均出口总额的确与其他 4 个变量的相关关系较弱,人均工业总产值与人均营业收入相关关系较强。这与上文变量间的关系分析是一致的。在权重的分配上,人均出口总额的权重最大,人均工业总产值与人均营业收入的权重较小。

2.基于 DTW 度量方法的面板数据加权多维标度分析

在上文已然发现欧氏距离(EUCL)在时间序列的相异性度量上效果不太

理想。因此此处选择基于 DTW 的时间序列度量方法,并根据式(5-12)及表 5-4 中的权重,计算对象 x_i 和 x_j 的加权距离:

$$d_{ij}^* = 0.1087 \times d_{ij}^{(1)} + 0.112 \times d_{ij}^{(2)} + 0.1939 \times d_{ij}^{(3)} +$$
$$0.4126 \times d_{ij}^{(4)} + 0.1729 \times d_{ij}^{(5)} \tag{5-14}$$

式(5-14)中,$d_{ij}^{(k)}$ 是经 DTW 方法计算得到的第 i 个对象和第 j 个对象在第 k 个变量上的距离。根据由此形成的距离阵,经过 18 次迭代,找到了 Stress1 值最小(0.115)的 2 维拟合构图及由此产生的各高新区的梯队划分,见图 5-7(图中的数字即为梯队的序号,如长春高新区属于第 1 梯队)。

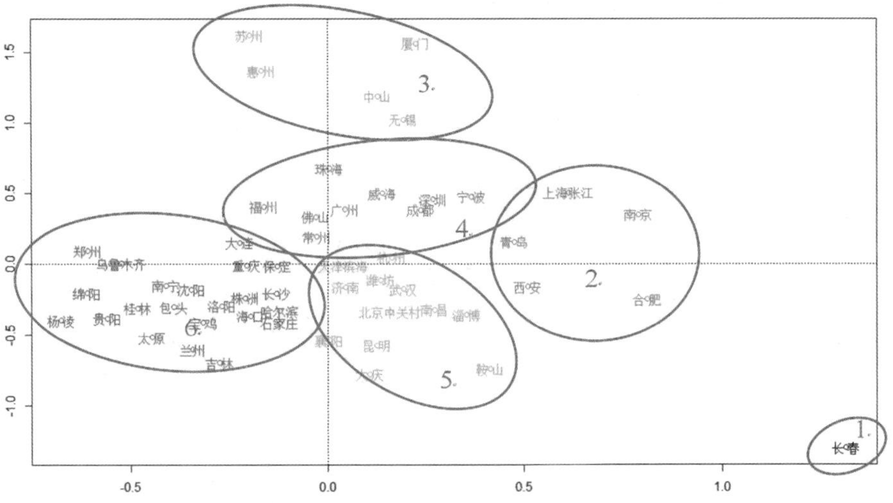

图 5-7　DCV-PWMDS 的 2 维拟合构图

结合 DTW-VIND-WMDS 和 EUCL-VIND-WMDS 的实证分析,从图 5-7 中各高新区的位置可以清楚表明,该图的横坐标反映了各高新区除人均出口总额以外 4 个指标的取值情况,纵坐标则专门反映人均出口总额的情况。根据高新区在拟合构图中的位置及距离的远近,可以将它们分为 6 个梯队(梯队的划分基本是按照在构图中从右到左、从上到下的位置来划分)。为进一步说明对各高新区梯队的特点,这里计算各梯队人均出口总额和人均工业总产值的历年均值并做折线图,如图 5-8 所示(人均工业总产值与人均营业收入、人均净利润、人均上缴税额具有较明显的相关关系,出于篇幅考虑,因此只展示了人均出口总额和人均工业总产值的各梯队均值的变化情况)。

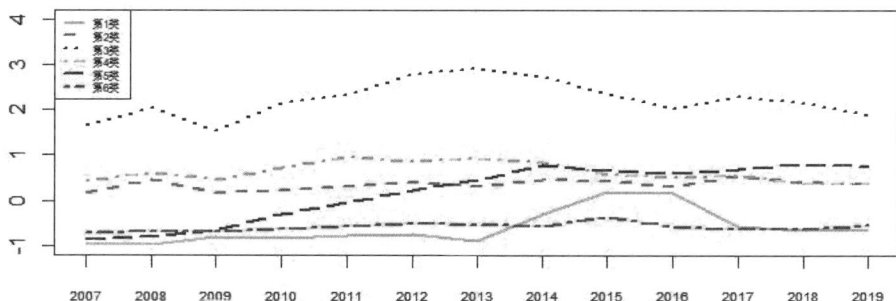

(a)高新区 6 个梯队的人均出口总额均值折线图

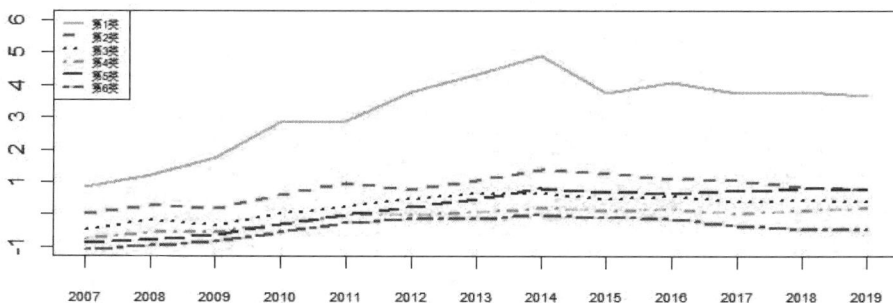

(b)高新区各梯队的人均工业总产值均值折线图

图 5-8 高新区各梯队人均工业总产值和人均出口总额均值折线图

从图 5-8(a)可以看到,2014 年之前,按照均值各梯队的排序是 3—4—2—5—6—1 梯队,2014 年以后有所变化,排序大致是:3—5—4—2—6—1 梯队。尤其是,第 2、4 和第 5 梯队在 2014 年以后各年份均值相差不大。这与各高新区在图 5-7 中纵坐标上的位置是相吻合的。同样,从图 5-8(b)可以看到,排序与人均出口总额的情况截然不同。2014 年之前的排序是:第 1—2—3—4 与 5(二者相差不大)—6。2014 年以后的排序是 1—2—5—3—4—6。同样,这与各高新区在图 5-7 中横坐标上的位置是相吻合的。据此分析,从经济效益的角度出发,54 个高新区的梯队划分情况如图 5-9 所示。

其中,长春高新区的人均出口总额是所有高新区中最差的,但其他 4 个指标是表现最好的;苏州、无锡、厦门、惠州和中山等高新区的出口创汇是有明显

长春

上海张江 南京
合肥 青岛 西安

厦门 中山
无锡 惠州 苏州

宁波 深圳 成都 威海
珠海 广州 佛山 常州 福州

鞍山 淄博 南昌 武汉
北京中关村 潍坊 杭州
昆明 大庆 天津滨海 济南 襄阳
哈尔滨 石家庄 长沙 保定 大连
重庆 株洲 海口 洛阳 宝鸡 兰州 吉林 沈阳
包头 太原 南宁 桂林 乌鲁木齐 贵阳 绵阳 郑州 杨凌

图 5-9 54 个高新区基于经济效益角度的梯队划分

优势,但其他方面表现一般。上海张江和北京中关村则由于规模巨大,从经济效益的角度来看,反而不尽如人意。

(五)几种方法分析结果的比较

在实证分析中,本章分别应用 DTW-VIND-WMDS、EUCL-VIND-WMDS、TIND-WMDS 方法以及 DCV-PWMDS 对我国国家级高新区经济效益的发展情况进行了分析。下面将从 Stress 值及碎石图、迭代次数、变量个数的影响等几个方面对这些方法进行比较。

1.Stress 值碎石图的比较

Stress 值碎石图能够帮我们确定合适的拟合构图的维数。碎石图的肘部所对应横轴上的数字即是拟合构图的合适的维数,它说明再增加拟合构图的维数其 Stress 值也不会有明显的变化。图 5-10 是几种方法的 Stress 值碎石图。

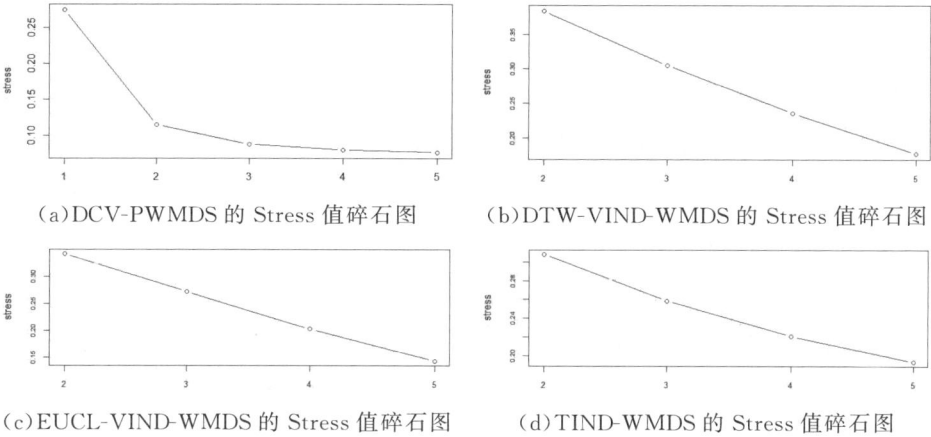

(a)DCV-PWMDS 的 Stress 值碎石图　　(b)DTW-VIND-WMDS 的 Stress 值碎石图

(c)EUCL-VIND-WMDS 的 Stress 值碎石图　　(d)TIND-WMDS 的 Stress 值碎石图

图 5-10　几种方法的 Stress 值碎石图

从四种方法的碎石图可以看出,只有 DCV-PWMDS 方法的 Stress 值碎石图在 2 维拟合构图时出现了肘部,说明 2 维拟合构图已经能够准确反映原始数据中各高新区之间的相似性了。其他方法的碎石图并未出现肘部,说明它们的 2 维或 3 维拟合构图并不能较好地展现原始数据间的相似性。

2.不同维数拟合构图迭代次数的比较

在多维标度分析中,除了需要考虑 Stress 值的大小外,还应考虑得到拟合构图的迭代次数。如若迭代次数太多,无疑会增加计算时间。这里,将上述四种方法 2～5 维拟合构图的 Stress 值和迭代次数,如表 5-5 所示。

表 5-5　2～5 维拟合构图的 Stress 值

方法	TIND-WMDS	DTW-VIND-WMDS	EUCL-VIND-WMDS	DCV-PWMDS
2 维拟合构图	0.308(190)	0.383(76)	0.342(136)	0.115(18)
3 维拟合构图	0.259(683)	0.305(204)	0.272(188)	0.088(28)
4 维拟合构图	0.221(923)	0.236(289)	0.203(371)	0.080(50)
5 维拟合构图	0.194(1047)	0.177(287)	0.144(546)	0.076(51)

注:括号内的数字是达到最小 Stress 值的迭代次数。

从表 5-5 的比较来看,DCV-PWMDS 方法的 2 维拟合构图的 Stress 值就已经很小了,且比另外三种方法 5 维拟合构图的 Stress 值还要小。从迭代次数来看,DCV-PWMDS 方法的各维数拟合构图均能够以较少的迭代次数得到最小 Stress 值的拟合构图。

(六)变量个数对 DCV-PWMDS 和 DTW-VIND-WMDS 影响的比较

1.Stress 值和迭代次数的比较

考虑到 TIND-WMDS 方法的拟合构图和 EUCL-VIND-WMDS 方法的拟合构图均不太理想,这里仅比较 DCV-PWMDS 和 DTW-VIND-WMDS 受变量个数影响的情况。为此,本章加入另一组反映高新区经济运行质量的变量,这些变量是反映高新区经济规模,即工业总产值(GIOV)、营业收入(TI)、净利润(NP)、出口总额(EX)以及上缴税额(TS)。然后比较 10 个变量情况下 DCV-PWMDS 方法和 DTW-VIND-WMDS 方法下各维数拟合构图的迭代次数及其 Stress 值。如表 5-6 所示。

表 5-6　两种方法各维数拟合构图的 Stress 值和迭代次数(10 个变量)

方法	2 维	3 维	4 维	5 维	6 维	7 维	8 维	9 维	10 维
DTW-VIND-WMDS	0.4577 (99)	0.3325 (79)	0.2957 (220)	0.2655 (272)	0.2364 (322)	0.1917 (1235)	0.1853 (1101)	0.1819 (3074)	0.1507 (1486)
DCV-PWMDS	0.1090 (39)	0.0790 (45)	0.0711 (56)	0.0677 (51)	0.0667 (52)	0.0661 (52)	0.0660 (54)	0.0659 (56)	0.0659 (58)

注:括号内的数字是达到最小 Stress 值的迭代次数。

结合表 5-5 可以发现,随着变量个数由 5 个增加到 10 个,DTW-VIND-WMDS 的 2 维拟合构图的 Stress 值从 0.383 上升到了 0.4577,而 DCV-PWMDS 方法的 Stress 值却变化不大。这说明 DTW-VIND-WMDS 方法更易受变量个数的影响。另外,随着维数的增加,DTW-VIND-WMDS 方法的迭代次数出现了大幅上升,而 DCV-PWMDS 方法的迭代次数虽然也随之上升,但幅度很小。

2.两种方法 2 维拟合构图的比较

(1)基于 DTW-VIND-WMDS 方法的 2 维公共拟合构图

根据 DTW-VIND-WMDS 方法得到各变量在 2 维公共拟合构图 2 个维度上的权重(已将重要性归一化)如表 5-7 所示。

表 5-7 DTW-VIND-WMDS 方法中各变量在 2 维拟合构图各维度上的权重

指标 ＼ 维度	GIOV pc	TI pc	NP pc	EX pc	TS pc
Dimension 1	0.0542	0.0366	0.0418	0.0551	0.0149
Dimension 2	0.1855	0.1944	0.1870	0.0989	0.1948

指标 ＼ 维度	GIOV	TI	NP	EX	TS
Dimension 1	0.1561	0.1661	0.1687	0.1427	0.1638
Dimension 2	0.0568	0.0012	0.0099	0.0369	0.0344

可以看出,该 2 维拟合构图横轴主要反映各高新区在规模上的相似性,而纵轴主要反映各高新区在经济效益上的相似性。需注意的是,人均出口总额的权重在横轴和纵轴上都很低。具体的 2 维公共拟合构图如图 5-11 所示。

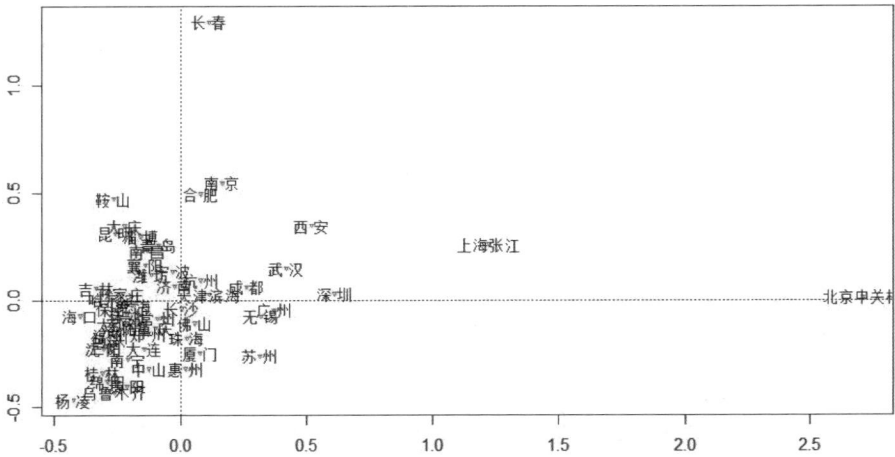

图 5-11 DTW-VIND-WMDS 方法 2 维拟合构图

从上图可以看出,北京中关村和上海张江属于经济规模最大的两个高新区,其次是深圳、西安和武汉,而长春则属于经济效益最好的高新区,其次是南京、合肥、鞍山。这个结果与前文的分析是一致的。另外,该2维图并未清晰反映各高新区在人均出口总额上的相似性,还需要增加维数才能全面反映高新区间的相似性。

(2)基于DCV-PWMDS方法的2维公共拟合构图

首先,按照DCV-PWMDS方法的步骤,先计算10个变量的动态相关关系,如图5-12所示。

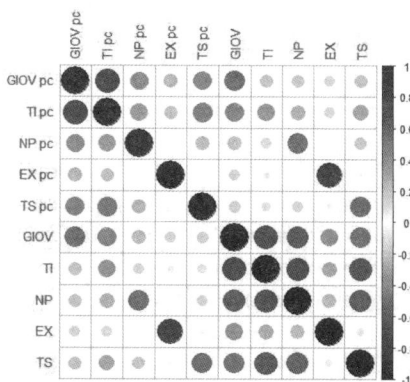

图5-12 10个变量的动态相关关系

从该相关图可以发现,人均工业总产值与人均营业总额之间,工业总产值、营业收入、净利润和上缴税额之间均存在比较明显的相关关系。另外,出口总额和人均出口总额间存在一定的相关关系。基于该相关关系,得到各变量的权重见表5-8。

表5-8　10个变量情况下各变量的权重

	GIOV pc	TI pc	NP pc	EX pc	TS pc
权重	0.0799	0.076	0.1152	0.1717	0.1237
	GIOV	TI	NP	EX	TS
权重	0.0684	0.0804	0.0777	0.1226	0.0844

可以发现这个权重分配情况比较准确地反映了变量间的相关关系。如,

人均出口总额和出口总额与其他指标间相关程度较低,其次是人均净利润和人均上缴税额与部分指标间相关关系较低,因此,这几个指标的权重相应高一些。DCV-PWMDS 方法的 2 维拟合构图见图 5-13。

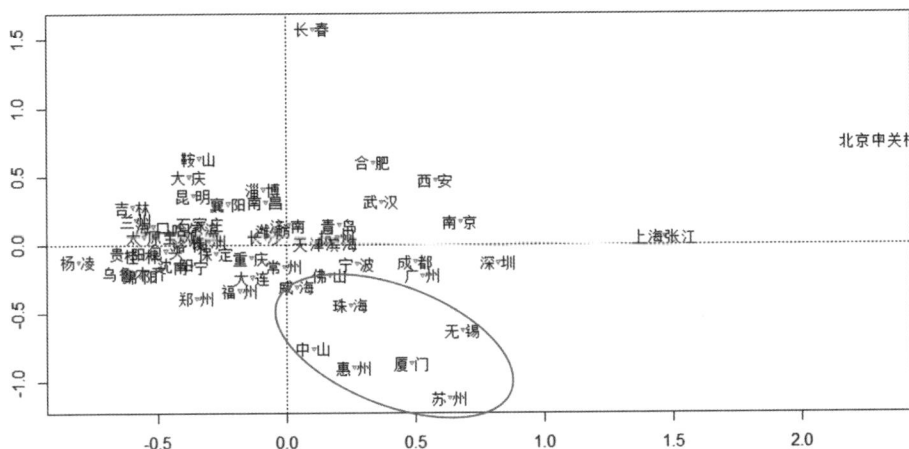

图 5-13　10 个变量 DVC-WMDS 方法的 2 维拟合构图

　　结合前面的分析可知,图 5-13 的横轴反映了各高新区在规模上的相似性,纵轴反映了各高新区在经济效益上的相似性,而第四象限则明显反映了各高新区在出口的规模和效益上的相似性。且在第 4 象限的高新区中,除成都外,其他高新区均位于东部沿海地区。与 DTW-VIND-WMDS 方法的 2 维公共拟合构图相比,基于 DVC-WMDS 方法在 2 维拟合构图中同时将各高新区在经济规模、经济效益以及出口上的差异显示了出来。

五、结论

　　在大数据时代,高维面板数据在宏观经济领域极为常见。本章将面板数据中对象间的复杂关系通过降维实现空间或几何表达。本章既通过已有的截面数据多维标度方法,还通过基于时间序列相异性度量的加权多维标度分析方法,对我国国家高新区经济效益的动态相似性进行了梯队划分。划分结果表明,与第四章基于经济规模的高新区划分结果差别较大。规模数一数二的北京中关村位于第五梯队,上海张江位于第二梯队;长春高新区独树一帜,其经济效益是最好的,但还需继续加大力度走出国门,走向世界。

第六章

国家高新区创新绩效影响因素及影响程度的分析

　　国家高新区是我国在一些知识密集、技术密集的大中城市和沿海地区建立的发展高新技术的产业开发区。国家高新区中的企业大部分都是高新技术企业，是知识密集、技术密集的经济实体。创新驱动既是高技术企业发展的主要动力，也是高技术企业获得最佳经济效益的途径之一。

　　创新为国家高新区经济持续增长提供了不竭动力。作为我国高科技产业的集聚地，国家高新区内的技术创新水平代表着国家科技实力在未来的发展方向。国家高新区设立以来，通过持续不断地改善营商环境，吸引了大量创新人才和创新资源的加入，这种高端智力要素的大量投入和累积使国家高新区能够成为推动区域经济持续增长的重要引擎。综合来看，国家高新区的创新投入强度远远高于全国平均水平，高强度的研发投入带来高效的创新。但自从进入"二次创业"之后，随着一些政策红利的逐步消失，部分国家高新区在研发经费投入、高技术人才投入等创新投入上出现了规模不经济现象。在这种情况下，正确认识和合理评价国家高新区创新绩效，探究影响国家高新区创新绩效的因素及其影响程度，将对高新区产业政策制定、发展战略规划以及促进国家高新区向更高发展层次迈进都具有积极的理论和现实意义。本章将采用面板模型来反映 2007—2014 年各影响因素是如何影响国家高新区创新绩效以及影响程度如何。

一、数据的来源及变量介绍

为研究各国家高新区创新绩效的影响因素及影响程度,本章拟构建面板模型来进行分析。其中,被解释变量采用的是反映创新绩效的技术占比和产品销售收入占比,分别用 $y1$ 和 $y2$ 来表示。解释变量是人均科技活动经费支出、中高级职称占比、科技人员数占比、大专以上人员占比、平均规模、R.D 经费占比、科技活动经费占比、研发投入强度,这些变量(变量的构成已在第三章说明)分别用 $x1\sim x8$ 来表示。标准化后的各变量分别记为 $sy1,sy2,sx1,$ $sx2,sx3,sx4,sx5,sx6,sx7,sx8$。

这里的研究对象仍是自 2007 年就有的 53 个国家高新区(剔除吉林高新区),数据主要来源于《中国火炬统计年鉴》(2008 版—2015 版)。其中,由于惠州 2007 年的技术收入为 0,数据处理比较繁杂。基于不影响研究结果的目的,下面的实证分析均将其技术收入由 0 元改为 1 元。

图 6-1 是 53 个国家高新区 2007—2014 年研发投入强度的趋势图。从图 6-1 可以看出,国家高新区在近几年的研发投入强度相差比较大。

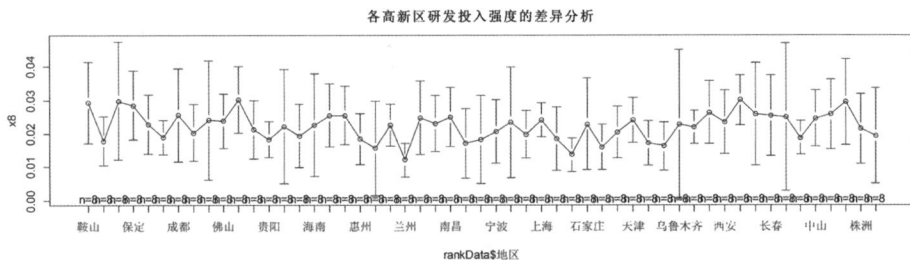

图 6-1　各国家高新区研发投入强度的差异分析

苏州和无锡两个国家高新区,虽然经济实力很强,营业收入、工业总产值、出口总额等指标名列前茅,但在研发投入强度上排名非常靠后。这些国家高新区所在城市为外商投资较多的地区,众多的外资企业带来了资金和技术。

国家高新区内的企业不需要投入更多的研发经费,就可以生产高技术产品。从这个例子可以看出,不同的国家高新区发展不平衡加之存在地域差别,其创新绩效的影响因素和影响程度差别迥异,这也说明对国家高新区创新绩效的影响因素的动态分析是非常有必要的。

二、方法介绍

(一)LASSO回归

普通的最小二乘回归是为了最小化 $L=(Y-X\beta)^T(Y-X\beta)$ 得到因变量与自变量之间的系数。为了防止过拟合的问题,需要在原来的目标函数上增加对系数的惩罚项,以筛选变量。岭回归和 LASSO 回归都是以这种思想为出发点的。

岭回归是在原来目标函数上增加了正则化项 $\lambda \parallel \beta \parallel^2$,使得目标函数变成:

$$L=(Y-X\beta)^T(Y-X\beta)+\lambda \parallel \beta \parallel^2 \tag{6-1}$$

对其求导后令导数为零可得系数向量: $\beta=(X^TX+\lambda I)^{-1}X^TY$。岭回归的优点在于改进了普通最小二乘回归中样本量不能小于自变量个数的问题,因为普通最小二乘回归中 X^TX 不可逆,而岭回归增加 λI 使该部分可逆,并且引入 λ 惩罚项减少了过拟合的问题(Mcdonald,2009)。

LASSO 回归在目标函数的设定上与岭回归不同,其正则化项是 $\lambda \parallel \beta \parallel$,使得目标函数变成:

$$L=(Y-X\beta)^T(Y-X\beta)+\lambda \parallel \beta \parallel \tag{6-2}$$

但是由于正则化项的微调,极大地增加了计算的复杂度,导致 LASSO 回归不可直接求导,其系数向量是个分段条件的结果,分为小于 $-\lambda$,大于 λ,以及介于$-\lambda$和λ之间三段(Zou,2006)。

岭回归和 LASSO 回归的区别在于,虽然岭回归和 LASSO 回归的估计结果比最小二乘回归的结果稳定,但是岭回归是有偏的,并且岭回归的正则化项是 L2 约束,而 LASSO 的正则化项是 L1 约束(见图 6-2)。正方形的 L1 约束具有特征选择的功能,等高线图与正方形的角上的点相切的可能性更大,可以将系数收缩为 0,而圆形的 L2 约束的等高线图和圆上任意一点相切的概率相同,无法做到特征选择的效果。因此 LASSO 回归在压缩变量上表现更出色。

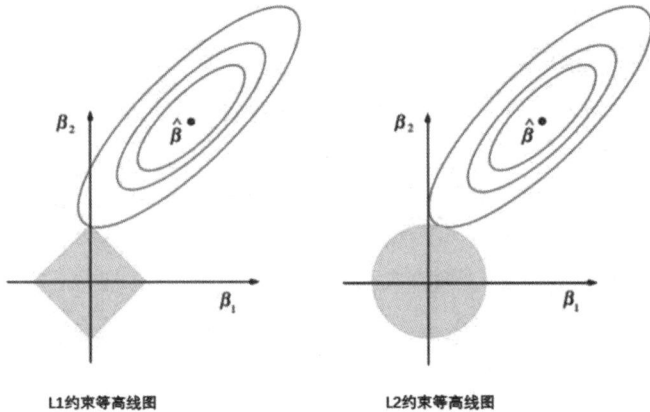

L1约束等高线图   L2约束等高线图

图 6-2　岭回归与 LASSO 回归

由于 LASSO 回归的过程有很多步,每一步的系数估计结果都有所不同。因此,在利用 LASSO 回归模型进行变量筛选时,还需要先明确合理步数的确定方法。这里采用的是 Mallows Cp 统计量,即如果从 k 个自变量中选取 p 个($k>p$)参与回归,那么 C_p 统计量的定义(吴喜之,2006)为:

$$C_p = \frac{\text{SSE}_p}{S^2} - n + 2p \; ; \; \text{SSE}_p = \sum_{i=1}^{n}(Y_i - Y_{pi}) \tag{6-3}$$

据此可知,C_p 值最小的模型为最佳模型。

(二)面板模型的构建方法

经典的面板模型主要包括截面个体变系数模型(表示在横截面个体之间,

存在个体影响也存在变化的经济结构,因而结构参数在不同横截面个体上是不同的)、截面个体变截距模型(表示在横截面个体之间,存在个体影响,不存在变化的经济结构,因而结构参数在不同横截面个体上是相同的)以及截面个体截距、系数不变模型等。另外,每种模型又分固定效应和随机效应两类。在构建面板模型之前,需要进行模型的设定检验以确定模型的形式(靳庭良和郭建军,2004;安宁宁和韩兆洲,2007)。此时主要是通过两个 F 检验来进行的。这两个检验的备择假设分别是:

假设 1:混合模型优于固定效应模型。

假设 2:固定效应变截距模型优于固定效应变系数模型。

检验步骤为,先进行假设 1 的检验,再进行假设 2 的检验。如果接受了假设 1,说明混合模型的残差平方和与固定效应变截距模型的残差平方和没有显著差异,则没有必要进行进一步的检验。此时应构建混合模型,等同于最小二乘法回归。若拒绝了假设 1,则应检验假设 2。若接受了假设 2,说明固定效应变系数模型的残差平方和与固定效应变截距模型的残差平方和没有显著差异,则应采用固定效应变截距模型;如果拒绝了假设 2,说明固定效应变系数模型的残差平方和与固定效应变截距模型的残差平方和有显著差异,则采用变系数的固定效应模型优于变截距固定效应模型。

由于每种模型又分固定效应和随机效应两类。固定效应变截距模型的截距对于不同的截面个体存在实质上的差异,而随机效应变截距模型的截距对于不同的截面个体只存在随即扰动的差异。因此模型形式的确定还需进行第三个检验,此时采用的是 Hausman 检验。

假设 3:个体效应与解释变量不相关(随机效应)

若拒绝了假设 3,则说明应选择固定效应模型。根据这三个检验,模型的设定原则见表 6-1。

表 6-1　三个检验及其模型的设定形式

原则	模型形式
接受假设 1	混合模型
拒绝假设 1,拒绝假设 2,拒绝假设 3	固定效应变系数模型

续表

原则	模型形式
拒绝假设 1,接受假设 2,拒绝假设 3	固定效应变截距模型
拒绝假设 1,拒绝假设 2,接受假设 3	随机效应变系数模型
拒绝假设 1,接受假设 2,接受假设 3	固定效应变截距模型

另外,模型的选择还有一些经验方法,如当 N 很大而 T 有限时,固定影响和随机影响的估计结果差异较大,如何设定模型则十分重要。当截面个体是总体的所有单位时,即所有截面个体全部作为样本,则固定效应模型是一个合理的模型。反之,则应考虑随机效应模型(刘秀梅,2017)。

三、以技术收入占比作为创新绩效影响因素的动态分析

为消除规模因素,本章的创新绩效主要由两个指标来反映,一是技术收入占营业收入的比重,说明的是国家高新区的科技研发能力;二是产品销售收入占营业收入的比重,反映了高新区高技术产品在市场中的销售状况,说明了高新区科技成果的应用和转换能力。本章第一部分先研究的是近几年影响技术收入占比的因素及其程度的变化情况。

(一)直接构建面板模型

在构建模型时,我们会遇到如下几个问题:第一,无法确定到底是哪些因素会影响各国家高新区的技术收入占比;第二,由于面板数据中有 53 个国家高新区且只有 8 年的数据,因此自变量最好少于 6 个才能构建面板模型,而本章有 8 个变量;第三,这些变量间存在一定的相关关系,在构建模型时会出现多重共线性的问题,当多重共线性严重时,模型或数据的微小变化有可能造成系数估计的较大变化,致使模型结果不稳定。要解决这三个问题就必须进行

变量的筛选。同前面章节有所不同的是,这里筛选变量的方法是相关分析、方差膨胀因子及 LASSO 回归的结合。

1.基于方差膨胀因子和相关分析的初步筛选

首先,利用方差膨胀因子(VIF)和相关分析进行第一步的筛选。各变量的 VIF 值见表 6-2。一般认为 VIF 值太大(大于 5 或 10),则有多重共线性问题。

表 6-2　各变量的 VIF 值

指标	sx1	sx2	sx3	sx4
VIF	1.801756	1.865383	4.575570	3.867914
指标	sx5	sx6	sx7	sx8
VIF	1.673218	5.553960	3.819525	5.435924

由表 6-2 可以看出,变量 sx6 和变量 sx8 的 VIF 值都大于 5。其次,根据变量的相关阵(见表 6-3)可知,sx6 和 sx8 高度相关,这两个指标均与 R&D 经费支出有关,因此,可以剔除其中一个。根据 VIF 值的大小,这里剔除"R&D 经费占比",保留"研发投入强度"。

表 6-3　变量的相关阵

	sx1	sx2	sx3	sx4	sx5	sx6	sx7	sx8
sx1	1.0000	0.1604	0.0147	0.1832	0.2809	0.1130	0.3238	0.1311
sx2	0.1604	1.0000	0.3835	0.6198	−0.2060	0.2049	0.2725	0.2475
sx3	0.0147	0.3835	1.0000	0.7230	0.0773	0.5671	0.6587	0.5997
sx4	0.1832	0.6198	0.7230	1.0000	−0.0988	0.3162	0.4270	0.4760
sx5	0.2809	−0.2060	0.0773	−0.0988	1.0000	−0.0048	−0.0105	−0.1882
sx6	0.1130	0.2049	0.5671	0.3162	−0.0048	1.0000	0.7482	0.8514
sx7	0.3238	0.2725	0.6587	0.4270	−0.0105	0.7482	1.0000	0.6996
sx8	0.1311	0.2475	0.5997	0.4760	−0.1882	0.8514	0.6996	1.0000

2.基于 LASSO 回归的再筛选

首先,以技术收入占比 sy1 作为因变量,自变量为 sx1、sx2、sx3、sx4、sx5、sx7、sx8,构建 LASSO 回归模型。表 6-4 是 LASSO 回归模型每一步系数估计的结果。

表 6-4　LASSO 回归模型每一步系数的估计结果

	sx1	sx2	sx3	sx4	sx5	sx7	sx8
1	0.00000000	0.00000000	0.0000000	0.00000000	0.0000000	0.00000000	0.00000000
2	0.00000000	0.00000000	0.0000000	0.01753487	0.0000000	0.00000000	0.00000000
3	0.00000000	0.00000000	0.0000000	0.07398472	0.0000000	0.00000000	0.05644985
4	0.00000000	0.00000000	0.0000000	0.28985623	−0.2700969	0.00000000	0.22625093
5	−0.01287752	0.00000000	0.0000000	0.29970162	−0.2757381	0.00000000	0.23385298
6	−0.02029136	0.00000000	0.0000000	0.31937759	−0.2806324	−0.05658448	0.28139605
7	−0.02245446	−0.03098028	0.0000000	0.35228344	−0.2902362	−0.09325389	0.30951850
8	−0.06775972	−0.09007077	−0.1313133	0.48776081	−0.2758799	−0.10037096	0.37377056

此时,应该选择 CP 值最小的模型形式,表 6-5 是不同情况下 C_p 统计量的值。

表 6-5　LASSO 模型每一步的 Cp 统计量值

step	Df	Rss	C_p	step	Df	Rss	C_p
1	1	423.00	321.260	5	5	248.86	23.282
2	2	415.91	310.797	6	6	243.99	16.710
3	3	375.06	241.018	7	7	240.69	12.920
4	4	250.59	24.320	8	8	236.75	8.000

从表 6-5 可知,第 8 步的 C_p 值最小,但结合表 6-3 的系数发现,如果选择该步时模型的系数估计结果则没有起到变量筛选的作用。因此,可以选择 C_p 值次小的第 7 步系数,以达到变量筛选的目的。此时,变量筛选的结果变为 sx1、sx2、sx4、sx5、sx7、sx8 等 6 个变量。其中大专以上人员占比 sx4,平均规模 sx5 及研发投入强度 sx8 的系数绝对值较大,且大专以上人员占比和研发投入强度对其影响为正,而平均规模对其影响为负。由此可知,人力资本的投入及人力资本的智力结构对创新绩效的提升是有明显作用的,而平均规模对创新绩效的改善则是有抑制作用的。这其中可能的原因是:随着高新区规模的扩大,技术创新绩效的边际收益递减。实际上,根据之前学者的研究,企业

规模对技术创新绩效的影响是具有不确定性的,规模变量的系数可能为正也可能为负,有学者就曾研究发现小企业技术创新效率更高。

3.构建面板模型时遇到的问题

根据变量筛选的结果,这里构建的面板模型中因变量为 sy1,自变量为 sx1、sx2、sx4、sx5、sx7、sx8。由于本章的数据不是随机抽自一个大的总体,所以首先选择固定效应模型,但仍需进行两个 F 检验来具体设定模型的形式。

对于假设 1 的检验结果如下:

$$F1=0.90189, df1=59, df2=358, p\text{-value}=0.679$$

可以看出,假设 1 的检验是接受原假设,即说明混合模型的残差平方和与固定效应变截距模型的残差平方和没有显著差异,应选择混合模型。

由此,我们发现如果直接对 53 个国家高新区构建面板模型,则国家高新区之间的异质性不明显,最终只能选择混合模型,从而难以发现各国家高新区间创新绩效影响因素的特点。针对这一问题,我们认为应将各国家高新区间的异质性凸显出来。但是应选择何种方法来凸显这种异质性呢? 本章提出如下的研究思路:首先利用时间序列聚类的方法,根据技术收入占比时间序列的相似性将各高新区分门别类,然后再分别利用面板模型来反映国家高新区间影响创新绩效的因素差异以及影响程度的差异。

(二)基于离散小波变换(DWT)的时间序列聚类

我们已经发现,构建面板模型不成功的原因主要在于没有对高新区分门别类处理。截面个体间在截距和系数上的差距不明显,加之虽进行了变量的筛选,但筛选的程度还不够。因此,需将国家高新区分门别类处理,将具有某种特点的高新区聚为一类,然后进行深层次的变量筛选,再构建面板模型,这样就可保证截面个体间在截距和系数上的差异显现出来。

那么应根据哪些变量来聚类呢? 如果按照自变量聚类,同类中的国家高新区在自变量上的取值是类似的,由此构建面板模型则其异质性将更加不明显。因此,只能按照因变量(技术收入占比)来聚类。由于面板数据中,各国家高新区的指标均是时间序列,因此这里须借助时间序列聚类的方法,可参考前面章节的方法,也可参考如刘秀梅(2017)、WAN 等(2017)、THOMAS 等(2018)、BORNEMANN 等(2018)等文献中的方法,然后再分别构建面板模型。

首先将 2007—2014 年 8 年的技术收入占比数据分年标准化,这样 53 个国家高新区每个高新区的技术收入占比都是一个时间序列,最后利用离散小波变换的方法来测定 53 个国家高新区技术收入占比时间序列的距离。基于篇幅的考虑,这里不再展示 53 个国家高新区间的距离阵,直接给出利用该距离阵进行系统聚类(系统聚类中的离差平方和法)的谱系图。得到谱系图后,还需确定合理的类个数才能明确类成员的情况。这里仍使用前面章节涉及的一些方法来确定合理的类的个数,且各地区国家级高新区同样用其地名作为简称。

如根据 Dindex 指标(CHARRAD 等,2014)的两个图形来确定类的个数,见图 6-3。在图 6-3 中,左图的拐点不容易确定,而右图在 3 类时达到最大值。由此可以确定 3 类比较合适。

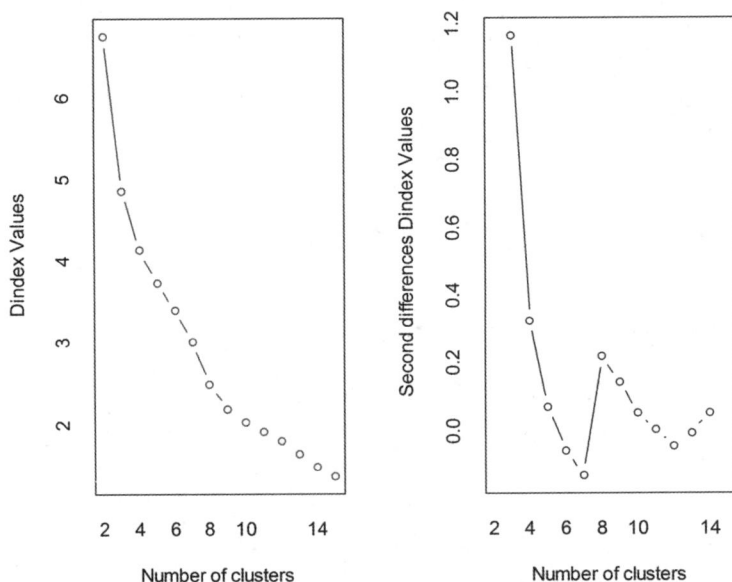

图 6-3　Dindex 指标确定类个数的可视化结果

另外,还可以计算 Hartigan 指标值。该指标主要是测度不同类个数下的类内差异性,落差最大的类的个数即为合理的类个数。具体的计算结果如表 6-6 所示。

表 6-6　Hartigan 指标

类的个数	2	3	4	5	6	7	8
Hartigan 值	25.0679	46.9009	12.1999	11.8838	10.8813	13.6769	16.8347
类的个数	9	10	11	12	13	14	15
Hartigan 值	8.0277	6.1275	6.8775	7.1013	7.2768	7.7901	6.4098

从表 6-6 可以看出,聚类数目为 4 类时的落差最大,因此,可以确定应聚 4 类。那么应该聚 3 类还是 4 类呢?这里比较聚 3 类(见图 6-3)和聚 4 类(见图 6-4)的结果发现,二者主要的差别在于杭州、济南、重庆是否单独为一类。鉴于此处的聚类主要是为构建面板模型服务的,样本个数太少不利于构建面板模型,因此这里选择聚类的个数为 3 类。

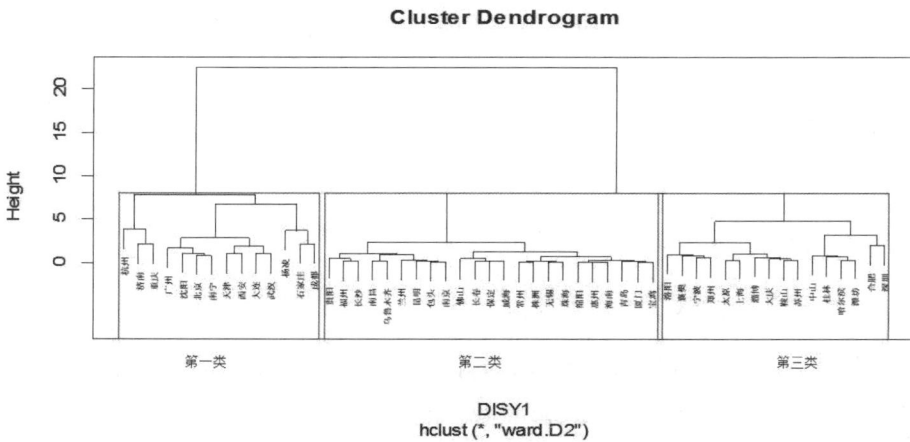

图 6-3　聚 3 类的谱系图及类成员情况

根据图 6-3 聚 3 类时的类成员情况,作这 3 类国家高新区的技术收入占比的箱线图及各年份均值变化折线图,见图 6-5。

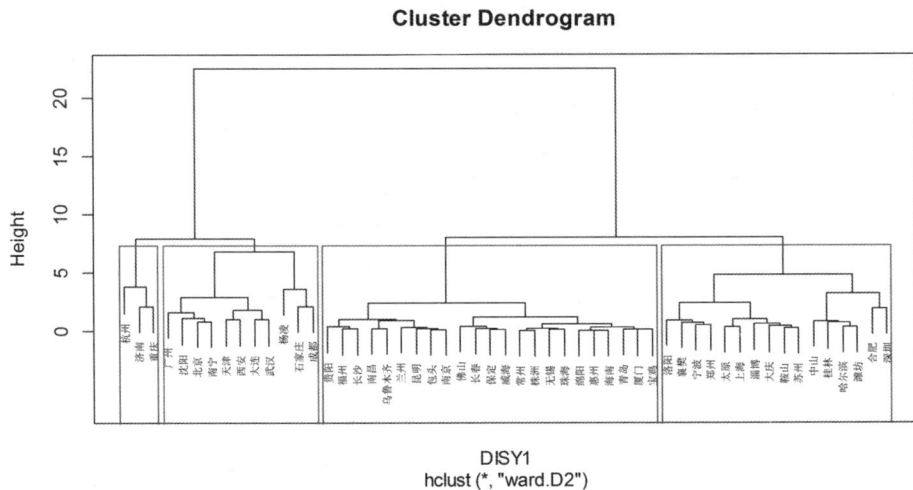

图 6-4　聚 4 类的谱系图及类成员情况

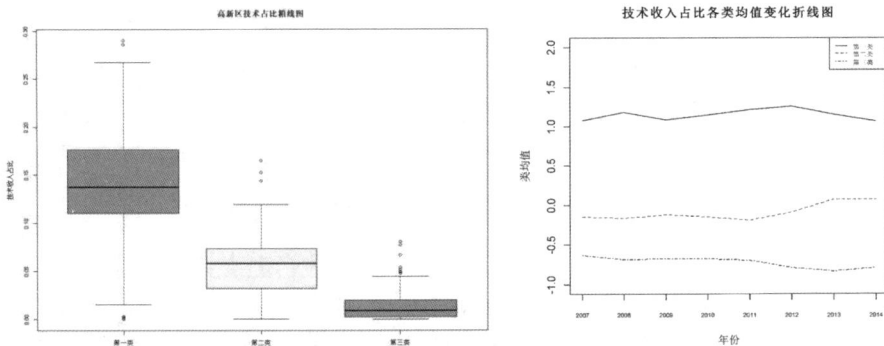

图 6-5　3 类国家高新区技术收入占比的箱线图和均值变化折线图

由图 6-5 可以看出,第一类国家高新区属于创新绩效比较好的高新区,而第三类国家高新区创新绩效比较差。对每一类国家高新区技术收入占比进行差异分析,可以发现第一类国家高新区差异非常大,而第三类国家高新区则差异比较小。第一类国家高新区差异分析的情况,如图 6-6。

可以看出,第一类国家高新区中技术收入占比比较高的是杨凌、西安和重庆 3 个西部的国家高新区。值得注意的是,天津技术收入占比的均值最低。可见,优越的地理位置和经济基础固然重要,但鉴于高新技术产业的特殊性,如果人才和科技成果迁移至内陆,将能够使这些地区通过充分发挥以人力资

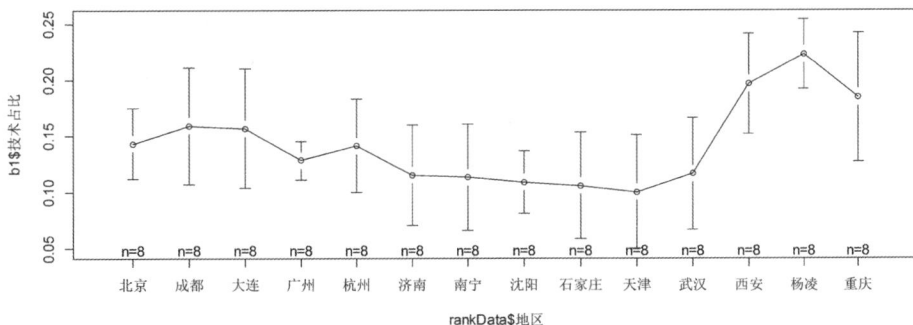

图 6-6　第一类国家高新区技术收入占比的差异分析图

源为主的各种资源的整合效应,冲破地域的束缚,实现快速发展。这也从侧面反映了高科技产业的关键在人才,人才是创新的源泉(郭彦君等(2009))。

(三)重新构建面板模型

根据上面的国家高新区分类结果,分门别类构建面板模型,以期发现这些国家高新区间影响技术收入占比的因素及程度的变化情况。

1.第一类国家高新区的面板模型

第一类高新区包括:北京、成都、大连、广州、杭州、济南、南宁、重庆、沈阳、石家庄、天津、西安、杨凌、武汉。同前述理由相同,构建面板模型前需要先进行变量的筛选。

(1)变量的筛选

这里直接使用 LASSO 回归的方法筛选变量。LASSO 回归模型每一步的 C_p 值变化见表 6-7。

表 6-7　LASSO 回归模型的 C_p 值表

Step	Df	Rss	C_p	Step	Df	Rss	C_p
1	1	111.000	34.2760	6	6	82.903	7.7564
2	2	109.154	33.8773	7	7	81.053	7.3508
3	3	99.299	23.0674	8	8	80.181	8.2177

续表

Step	Df	Rss	C_p	Step	Df	Rss	C_p
4	4	98.402	23.9009	9	9	79.244	9.0000
5	5	87.885	12.2317				

从上表可以看出,第 7 步时的 C_p 值最小,此时的系数见表6-8。

表 6-8   LASSO 回归系数的估计值

指标	Sx1	Sx2	Sx3	Sx4	Sx5
C_p 值	−0.1699585	−0.4857940	0.0000000	0.3530859	0.1550263
指标	Sx6	Sx7	Sx8		
C_p 值	0.0260893	0.0000000	0.1655084		

从表6-8可知,影响这14个国家高新区创新绩效的因素主要是 sx1、sx2、sx4、sx5、sx6、sx8。鉴于 sx6 和 sx8 的相关系数为 0.7937,相关度比较高,这里将 sx6 删除。利用 sx1、sx2、sx4、sx5、sx8 等 5 个指标构建面板模型,这 5 个指标分别是人均科技活动经费支出、中高级职称占比、大专以上人员占比、平均规模和研发投入强度等。

(2)面板模型形式的确定

由于需要确定面板模型的形式应是混合模型、固定效应还是随机效应模型,因此需要进行模型形式的检验,检验结果如下:

$F_1 = 2.5011$,df1=13,df2=93,p-value=0.005612

$F_2 = 0.69414$,df1=58,df2=28,p-value=0.8798

chisq=19.227,df=5,p-value=0.001744

从检验结果可知,拒绝了假设 1,说明固定效应变截距模型优于混合模型。接受了假设 2,说明建立固定效应变截距模型与固定效应变系数模型的残差平方和没有显著差异。Hausman 检验中拒绝了原假设,说明应该建立固定效应变截距模型。但从固定效应变截距模型的拟合情况(见表6-9)看,固定效应变截距模型的拟合程度非常低,而固定效应变系数模型的拟合程度非常高,且变系数模型的残差平方和要比变截距模型的小得多。

表 6-9　固定效应变截距和固定效应变系数模型的拟合效果

模型形式	R^2	残差平方和
固定效应变截距模型	0.19108	52.217
固定效应变系数模型	0.96784	21.419

观察表 6-10,我们还发现变截距模型中大部分高新区的截距项都没办法通过系数的显著性检验。

表 6-10　固定效应变截距模型截距项的系数估计及检验结果

	Estimate	$\Pr(>|t|)$		Estimate	$\Pr(>|t|)$
北京	0.022158	0.94068	沈阳	−0.395016	0.16481
成都	0.424558	0.17534	石家庄	−0.546179	0.07417
大连	0.174188	0.53779	天津	−0.717448	0.02470*
广州	−0.160209	0.57801	武汉	−0.262803	0.40738
杭州	−0.037619	0.89379	西安	0.530334	0.11716
济南	−0.262034	0.36604	杨凌	1.209883	9.675e−05***
南宁	−0.525002	0.06351.	重庆	0.545190	0.06461

通过以上比较,我们认为选择变系数的固定效应模型更合理。另外,在经济生活中,变系数面板模型具有很好的经济解释。所以,从客观描述经济行为的角度,变系数面板模型具有很好的适用性。

(3)变系数模型的系数估计结果

第一类国家高新区变系数固定效应面板模型的系数估计结果如表 6-11所示。

表 6-11　变系数固定效应模型的系数估计结果

	(Intercept)	sx1	sx2	sx4	sx5	sx8
北京	0.71754365	−0.380991435	1.07771039	−0.05852006	−0.87351230	−0.80915305
成都	2.02338418	−0.068402519	0.24274105	−2.41791078	1.24412467	1.34597912
大连	−0.17987429	0.029486782	−1.13540444	1.39661280	−0.61901518	−1.46340516
广州	−0.14094140	−0.174079847	−0.50686931	0.53311390	−0.09055719	0.22458141
杭州	−0.05213830	−0.446519284	−0.29241019	0.53016307	−0.36903031	−0.49101692

续表

	（Intercept）	sx1	sx2	sx4	sx5	sx8
济南	−0.16878792	0.167028717	1.29908681	−1.10350464	0.27065675	1.59546479
南宁	−0.25022762	0.003022606	1.12304541	−0.88401123	1.19323795	1.95767830
沈阳	−0.43877408	−0.314903777	−0.47388450	0.41693602	0.25546554	−0.33156775
石家庄	0.05499992	0.555421989	−0.47292789	0.78104953	−0.22737061	−0.06552651
天津	−0.79577098	1.231610273	−0.32343659	0.27440675	−1.54390678	−0.22949193
武汉	−0.66164252	−0.760870966	−0.08545727	−0.29297216	0.51433454	1.18206413
西安	4.57984510	0.440999540	3.99107643	−0.20173475	−0.91166998	0.27650429
杨凌	1.26356951	−0.469278890	−0.37485730	0.21732077	−0.25392751	−0.03114979
重庆	−0.47760201	−0.931739724	−2.47779649	1.93280219	−0.50843060	−1.23969882

　　该面板模型的实际值与拟合值的散点图见图 6-7，可以看出，图中的点都围绕在对角线的周围，说明拟合效果较好。

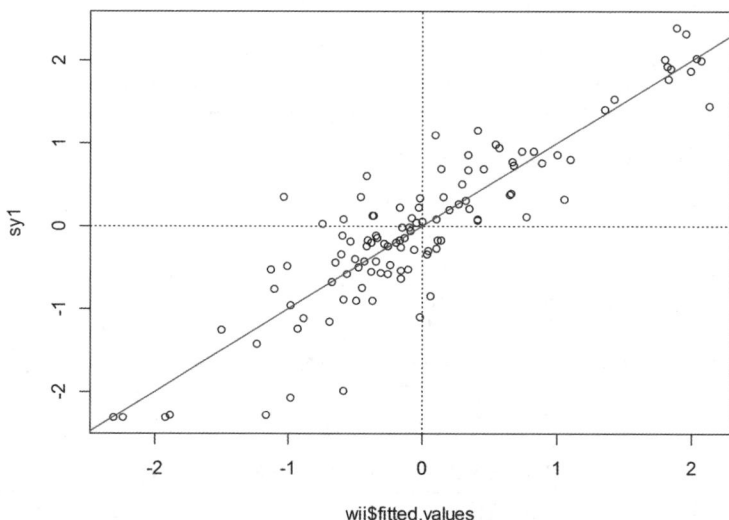

图 6-7　变系数面板模型实际值与拟合值散点图

　　从表 6-11 的估计结果可以看出，与本书前面章节的论述是基本吻合的。创新绩效不仅与人力资本和研发经费投入有密切的关系，还与企业规模有较大的关联。但企业规模是提升创新绩效，还是阻碍创新绩效呢？显然，这两种情况都存在,之前的研究均得到了印证。我们则认为企业规模的影响应与国家高新区的发展阶段有一定的联系。当某个国家高新区正处于起步后的快速发展阶段,则企业规模带来的是正效应,随着企业规模越来越大,企业的资金实力越来越强,研发方面的投资越来越多,那么承担研发失败带来风险的能力就会越强。但当国家高新区已然进入成熟阶段,其成长放缓,此时企业规模对该高新区的创新绩效则是起阻碍作用的,因为此时无论是人力资本和资金投入都产生了相当的冗余。

另外,从上面的各国家高新区的指标系数符号可以看出,不同的国家高新区,其创新绩效的影响因素和影响程度不大相同。但就企业规模而言,成都、济南、南宁、沈阳、武汉的系数为正,而北京、大连、广州、西安等较发达的国家高新区企业规模的影响为负。

2.第二类国家高新区的面板模型

第二类国家高新区包括贵阳、福州、长沙、南昌、乌鲁木齐、兰州、昆明、包头、南京、佛山、长春、保定、威海、常州、株洲、无锡、珠海、绵阳、惠州、海南、青岛、厦门、宝鸡。与上面构建面板模型的步骤相似,这里先进行变量的筛选。首先进行方差膨胀因子的计算,结果如表 6-12 所示。

表 6-12　各变量的 VIF 值

指标	sx1	sx2	sx3	sx4
VIF	1.843354	1.302564	5.592606	3.956588
指标	sx5	sx6	sx7	sx8
VIF	1.483088	11.617647	2.824854	11.343104

从表 6-12 可以看出,第 6 和第 8 个变量的 VIF 值大于 10,应剔除其中一个变量。下面结合 LASSO 回归模型系数的估计结果来进行进一步的筛选。表 6-13 是每一步的 C_p 值。

表 6-13　LASSO 回归的 Cp 值

Step	Df	Rss	C_p	Step	Df	Rss	C_p
1	1	127.000	44.2136	6	6	102.636	21.5588
2	2	111.366	25.2595	7	7	88.840	5.0696

续表

Step	Df	Rss	C_p	Step	Df	Rss	C_p
3	3	106.181	20.3113	8	8	88.812	7.0319
4	4	104.206	19.6639	9	9	88.788	9.0000
5	5	102.750	19.7120				

从上表可以看出,应选择第 7 步,此时的系数估计结果见表 6-14。

表 6-14　第 7 步时的系数估计结果

指标	sx1	sx2	sx3	sx4
系数	0.2949	−0.1607	0.6541	0.0000
指标	sx5	sx6	sx7	sx8
系数	−0.1477	0.0000	−0.3815	0.1747

由系数估计结果可知,最终筛选的变量为 sx1、sx2、sx3、sx5、sx7 和 sx8,即人均科技活动经费支出、中高级职称占比、科技人员数占比、平均规模、科技活动经费占比及研发投入强度等 6 个变量。确定了自变量后,下一步需要进行模型形式的确定。下面是确定面板模型形式的三个检验的检验结果:

F1＝2.8481,df1＝15,df2＝106,p-value＝0.0009003

F2＝1.0579,df1＝83,df2＝16,p-value＝0.4775

chisq＝22.809,df＝6,p-value＝0.0008631

上述三个检验结果说明应该构建固定效应的变截距模型。但与上一个面板模型的情况相似,这里的固定效应变截距模型拟合效果远不及固定效应的变系数模型(见表 6-15)。

表 6-15　固定效应的变截距模型和变系数模型拟合效果

模型形式	R^2	残差平方和
固定效应变截距模型	0.29848	56.697
固定效应变系数模型	0.99017	8.7389

不仅变截距模型固定效应模型拟合效果不理想,其模型中大部分国家高新区的截距项也不显著(基于篇幅考虑,这里不再展示结果)。因此本章还是

考虑构建固定效应的变系数面板模型。该模型系数估计结果见表6-16。

从表6-16的系数估计值可以得到第二类国家高新区的一些特点。第一，上海张江国家高新区人力资本投入的影响均为负。对该国家高新区创新绩效有正影响的变量均是与资金投入有关的，而人力资本投入的影响为负主要是因为该国家高新区承接国际产业转移，依托本地坚实的经济基础和广阔的发展腹地为入园企业提供优惠政策，吸引了高新技术企业特别是著名跨国公司入驻，因此有充足的研发经费投入，而充足的研发经费大大促进了创新绩效。而与优厚的待遇相比，大量科技人员和高学历人员聚集在此，创新产出却相对较低，反而变成创新绩效提升的负担。第二，深圳国家高新区人力资本投入的影响为正。与上海张江国家高新区特点有所不同，深圳国家高新区在人力资本投入变量上的系数均为正，而在科技活动经费占比以及研发投入强度两个变量上的系数为负。这主要是因为深圳作为移民城市创业文化突出，其国家高新区营造了浓郁的创业氛围和良好环境，园区产业生态、人文生态、环境生态三态合一的综合环境培育了一批以科技人员、外来移民为创业主体的、拥有技术领先优势的中小型创业企业。因此，人力资本的投入很大程度上提升了其创新绩效。

表6-16　第二类国家高新区固定效应变系数面板模型系数估计结果

	（Intercept）	sx1	sx2	sx3	sx5	sx8	sx7
鞍山	−0.238655	0.421134	0.441518	0.782277	−0.363554	1.765150	−1.649188
大庆	1.500571	1.073081	−0.643385	0.560247	−0.998828	−0.456823	0.047883
桂林	0.166839	−0.095470	0.051157	1.111467	0.354368	−0.023149	−0.663590
哈尔滨	1.958884	−1.039062	1.479169	−0.347262	−0.945381	−1.200497	1.790908
合肥	−0.314895	0.834337	−0.992423	0.572703	−0.053237	−1.029189	0.546090
洛阳	−0.023411	−0.046037	0.384227	−0.228798	0.612350	0.476597	0.350312
宁波	−0.414136	0.114077	−0.407376	0.177936	−0.632071	−0.201231	0.196110
上海	−6.209759	15.166764	−11.245778	−42.959548	−1.402305	18.929756	19.895818
深圳	0.001062	1.309235	0.128662	2.148511	−0.354823	−0.229111	−2.069603
苏州	0.240577	0.794966	−0.530865	0.590172	−0.103516	0.815671	−0.898749

续表

	(Intercept)	sx1	sx2	sx3	sx5	sx8	sx7
太原	−0.325455	−0.158460	−1.052284	−0.923586	2.035479	−1.979606	1.885298
潍坊	0.061692	0.101383	0.132272	−0.710986	0.115536	1.621628	−0.029753
襄樊	−1.583171	0.180806	−0.789313	1.345490	−2.394981	1.021802	−0.745425
郑州	−1.788104	0.631232	0.759705	−1.000512	−0.695749	2.401628	−0.576993
中山	−0.805724	1.238110	0.585968	−0.629809	−1.377312	−0.027874	0.288239
淄博	−0.666093	0.429852	0.953351	−0.537749	−0.677253	1.446600	−0.899469

　　该模型的拟合值与实际值的散点图,见图 6-8,从散点图可以看出,这些点都紧密围绕在对角线的周围,说明该模型的拟合程度比较高。

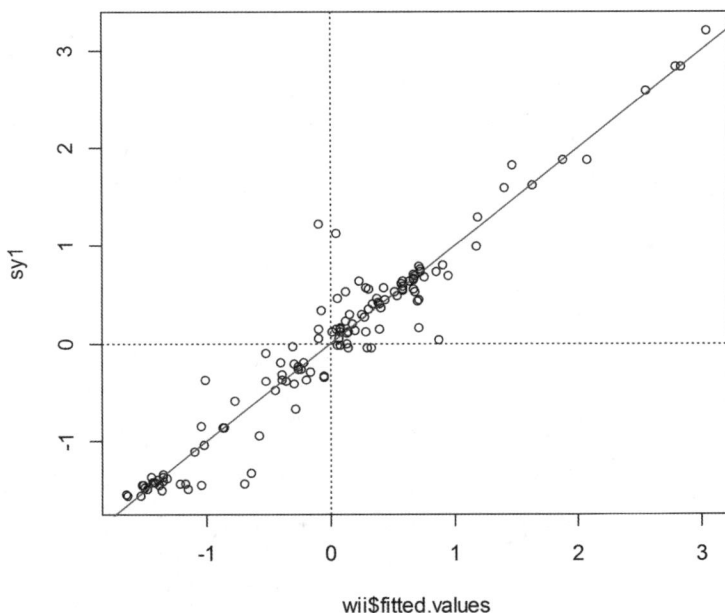

图 6-8　固定效应变系数模型实际值与拟合值的散点图

　　3.第三类国家高新区的面板模型

　　第三类国家高新区主要有:洛阳、襄樊、宁波、郑州、太原、上海、淄博、大庆、鞍山、苏州、中山、桂林、哈尔滨、合肥、潍坊、深圳。与上文分析步骤相似,各变量方差膨胀因子的计算结果见表 6-17。

表 6-17　第三类高新区变量的 VIF 值

指标	sx1	sx2	sx3	sx4
VIF	2.470459	2.379875	3.717007	3.545627
指标	sx5	sx6	sx7	sx8
VIF	1.770733	29.805590	4.592921	26.948794

从上表可以看出，sx6 和 sx8 的 VIF 值最大，且两个变量高度相关，相关系数是 0.9754。因此，结合 LASSO 回归变量筛选的结果选其一。表 6-18 是 LASSO 回归每一步的 C_p 值。

表 6-18　LASSO 回归的 C_p 值

step	Df	Rss	C_p	step	Df	Rss	C_p
1	1	183.00	65.8406	7	7	139.24	18.5704
2	2	168.24	47.8468	8	6	138.88	16.0846
3	3	146.72	20.7108	9	7	136.10	14.3192
4	4	141.81	16.0606	10	8	130.10	8.2007
5	5	140.50	16.2834	11	9	129.22	9.0000
6	6	140.09	17.7209				

可以看出，第 10 步的 C_p 值最小，但变量个数还是保留太多，因此这里选择第 9 步的系数，系数的估计结果如表 6-19 所示。

表 6-19　第 9 步时的系数估计结果

指标	sx1	sx2	sx3	sx4
系数	−0.2701	−0.0778	0.0000	0.4596
指标	sx5	sx6	sx7	sx8
系数	−0.0172	−0.2452	0.0000	0.1775

可以看出，LASSO 回归筛选的变量为 sx1、sx2、sx4、sx5、sx6 和 sx8。但由于变量个数还是太多，仍未能满足构建面板模型的要求，因此通过相关关系，进一步筛选变量。首先，sx6 的 VIF 值最大，且与 sx8 高度相关（相关系数为 0.9754）。其次，sx2 与 sx4 的相关系数达到 0.7165，且二者都是反映国家

高新区智力结构的(中高级职称人员占比和大专以上人员占比),因此,根据系数的大小,这里删除 sx8 和 sx2。最终确定的自变量为 sx1、sx4、sx5 和 sx6 等4 个变量,由此满足了构建面板模型的要求。

利用 sx1、sx4、sx5 和 sx6 构建面板模型时,模型形式的设定需要进行三个假设检验,检验结果如下:

F1＝2.1297,df1＝22,df2＝157,p-value＝0.004064

F2＝0.86526,df1＝81,df2＝69,p-value＝0.7356

chisq＝20.651,df＝4,p-value＝0.0003713

上述检验结果说明应构建固定效应变截距模型。但与前面构建面板模型时遇到的问题一样,固定效应的变截距模型拟合效果以及系数的显著性检验并不好(表 6-20)。因此,本章认为还是应该选择变系数固定效应模型。

表 6-20　变截距固定效应模型和变系数固定效应模型

模型形式	R^2	残差平方和
固定效应变截距模型	0.24335	99.232
固定效应变系数模型	0.9462	49.229

变系数固定效应模型的系数估计结果见表 6-21 所示。

表 6-21　第三类国家高新区变系数固定效应模型的系数估计结果

	（Intercept）	sx1	sx4	sx5	sx6
包头	−0.88565740	−0.79603951	2.32853832	−0.262450584	0.756038496
宝鸡	0.45218044	−1.82899826	0.53734329	1.350400140	0.456704494
保定	0.74697814	1.88943186	−0.69362395	−0.437022814	−0.563966128
常州	0.06092123	0.06955293	0.46588710	−0.049525630	−0.140691957
佛山	0.21079048	−0.94414927	0.53222788	0.360251631	−0.140856146
福州	−0.28215249	−0.28184358	0.06879428	0.084767205	−1.100243484
贵阳	−0.22140354	−0.55743039	0.48623412	−0.019695888	0.040062011
海南	−0.54586551	−1.20166303	0.51797003	0.001691823	0.081826519
惠州	−0.50918095	−0.33434985	0.18637583	0.191171294	−0.500851435

续表

	（Intercept）	sx1	sx4	sx5	sx6
昆明	−0.28458860	−0.32438251	0.74720837	−0.125708390	0.062245132
兰州	−0.45074430	0.40095434	0.47414688	0.187501724	0.050594381
绵阳	−0.48876862	−0.31213257	0.52012721	−0.175897315	−0.884940513
南昌	−0.16507497	−0.55015663	0.48547613	0.303370629	0.360817399
南京	−0.15237605	−0.71713306	0.34268608	−0.547057540	0.051129426
青岛	−0.48573902	−0.31084777	0.65112689	0.049367787	−0.280392079
厦门	1.23953805	−2.12210533	0.70723562	5.737685671	−0.368208221
威海	−0.69211896	−0.47910389	0.10231744	−0.472841254	0.083238105
乌鲁木齐	−0.31598786	−0.32783972	0.25084926	−0.178586557	−0.252586030
无锡	0.38447913	−0.70994897	0.66687360	1.027149083	−0.003790503
长春	1.36669014	−0.45276116	0.97446311	1.393890379	−0.497903260
长沙	0.14848659	−0.58747081	−0.01881125	−0.004560387	−0.981350907
珠海	0.08322339	−0.30818469	0.59711285	0.551557100	−0.013070048
株洲	−2.16272974	−1.04866030	−1.28026741	−0.395611433	−0.378148332

该模型实际值与拟合值的散点图见图 6-9。从该图可以看出,虽不如前两类国家高新区的面板模型拟合效果好,但这些点也是围绕在对角线周围的。

从表 6-21 中各变量系数的符号能够看出影响这些国家高新区创新绩效的因素及程度。结合各国家高新区的发展历程可知,面板模型的估计结果是可靠和合理的。这里仅以无锡国家高新区为例作简要说明。正面影响无锡国家高新区创新绩效的因素有:大专以上学历人员数及平均企业规模。由无锡国家高新区的发展历程可知,2006 年后无锡国家高新区推进转型发展,逐渐摆脱以大企业、大项目发展产业的路径依赖,更加注重以创业企业发展新兴产业。企业类型也不再以跨国大企业集团为主,而是注重发展创业型科技中小企业,引进了一批创业人才和创业团队,抢占了物联网、太阳能等新兴产业发展的先机。由此可知,创业企业的规模和人力资本对该国家高新区的创新绩效产生了正面的影响。

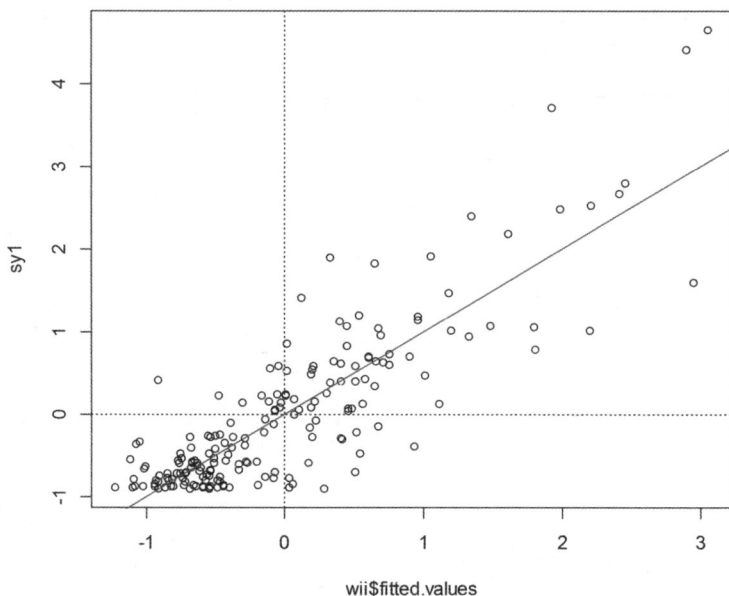

图 6-9　第三类国家高新区面板模型实际值与拟合值的散点图

三、以产品销售收入占比作为创新
绩效构建面板模型

　　这里以 53 个国家高新区 2007—2014 年的数据为基础,以产品销售收入占比为因变量,以 8 个影响因素为自变量构建面板模型。

　　将数据标准化后进行变量的筛选以满足面板模型构建的要求。首先,利用 LASSO 回归的方法筛选变量。LASSO 回归过程中,模型的 C_p 值在第 8 步最小,但有 7 个变量的系数不为零,不能满足构建面板模型的要求,因此选择第 7 步的系数。系数的结果见表 6-21。

表 6-21　LASSO 回归模型系数估计的结果

指标	sx1	sx2	sx3	sx4
VIF	0.000000	0.000000	0.1341797	0.2934628
指标	sx5	sx6	sx7	sx8
VIF	0.1864783	0.8437375	0.1065484	1.0478363

可以看出,最终变量的筛选结果为 sx3、sx4、sx5、sx6、sx7 和 sx8 等 6 个变量。即科技人员数占比、大专以上占比、平均规模、R.D 经费占比和科技活动经费占比。下面通过三个检验来确定具体的面板模型形式。三个检验的检验结果如下:

F1＝1.5881,df1＝52,df2＝365,p-value＝0.008545

F2＝1.1117,df1＝305,df2＝53,p-value＝0.3277

chisq＝24.182,df＝6,p-value＝0.0004835

由上述的检验结果可以确定,应该建立变截距的固定效应模型。但同上面的分析一样,本章发现变截距固定效应模型的拟合程度远低于变系数固定效应模型的拟合程度(表 6-22),且大部分国家高新区的截距项不显著(见表 6-23)。

表 6-22　变截距固定效应模型和变系数固定效应模型的拟合效果

模型形式	R^2	残差平方和
固定效应变截距模型	0.56538	129.9
固定效应变系数模型	0.99412	17.425

表 6-23　变截距固定效应的截距项显著性检验结果

地区	Estimate	$Pr(>|t|)$	地区	Estimate	$Pr(>|t|)$
鞍山	−0.0428350	0.844228	宁波	0.3610735	0.091014
包头	0.0793307	0.713613	青岛	0.0276034	0.896354
宝鸡	−0.0807068	0.708249	厦门	0.3360220	0.114157
保定	0.1397577	0.519006	上海	0.0150678	0.944041
北京	−0.2621747	0.221203	深圳	0.3827336	0.074089

续表

地区	Estimate	Pr(>|t|)	地区	Estimate	Pr(>|t|)
常州	−0.1807072	0.393669	沈阳	−0.5904216	0.005775 **
成都	−0.9739806	1.036e−05 ***	石家庄	−0.1402311	0.513164
大连	0.3248428	0.131576	苏州	0.2635373	0.222710
大庆	−0.1140293	0.592977	太原	0.0353468	0.868405
佛山	0.3286395	0.131936	天津	0.2128050	0.319282
福州	0.0261118	0.904730	威海	0.1477402	0.494613
广州	−0.1089885	0.609481	潍坊	−0.0472949	0.828473
贵阳	−0.4291211	0.043912 *	乌鲁木齐	−0.4874963	0.025122 *
桂林	−0.4872230	0.025289 *	无锡	0.0090025	0.966473
哈尔滨	0.0618409	0.773475	武汉	0.1309549	0.540841
海南	0.0071763	0.973057	西安	−0.0142030	0.946862
杭州	0.3003493	0.167034	襄樊	0.2704505	0.211568
合肥	0.0440802	0.836061	杨凌	0.0732146	0.734357
惠州	−0.0968679	0.647939	长春	−0.2421900	0.263466
济南	−0.2320827	0.284580	长沙	−0.2447410	0.260408
昆明	0.1838573	0.388813	郑州	0.1927004	0.369588
兰州	0.2808553	0.191537	中山	−0.0187179	0.930541
洛阳	−0.1151985	0.588174	重庆	0.3549927	0.097556
绵阳	0.3638482	0.089666	珠海	0.1881220	0.383289
南昌	0.1230446	0.566962	株洲	−0.0523491	0.810860
南京	0.1023667	0.630362	淄博	0.1914657	0.372984
南宁	−0.5973740	0.005669 **			

从表 6-23 可以看出,在 5% 的显著性水平下,53 个国家高新区中只有 6 个的截距项显著,说明构建变截距固定效应模型是不合适的。因此应该构建变系数固定效应模型。模型的系数估计结果见表 6-24。

表 6-24　变系数固定效应模型系数的估计结果

	（Intercept）	sx3	sx4	sx5	sx6	sx7	sx8
鞍山	0.465809	−0.525950	−0.316027	1.139149	−0.212672	0.968375	−1.060274
包头	0.067869	0.592544	−0.249793	−0.364109	0.227719	−0.556891	−0.931142
宝鸡	0.698268	−0.945666	0.869472	−0.603769	2.460271	1.726547	−3.077201
保定	0.379527	−1.066856	0.930476	−0.075446	1.810598	0.436197	−2.303867
北京	−0.338065	0.086802	−0.099285	0.542160	0.034304	−0.335052	0.570116
常州	−0.258338	0.991716	−0.334327	0.006964	1.217524	−0.422087	−2.018559
成都	−0.819554	0.956941	−0.993988	−0.293686	1.499707	−0.624268	−0.477503
大连	0.807696	−1.928771	−0.614959	−0.001670	1.669387	1.650291	−3.091105
大庆	1.410665	−2.291429	−0.199177	0.954581	4.415109	1.969842	−3.510981
佛山	0.592328	−0.989998	0.472133	0.024667	1.815755	0.853239	−2.825508
福州	−0.077601	0.236349	−0.214043	0.609395	0.034345	−0.722027	0.109977
广州	0.063566	1.066382	−0.565015	−0.052283	0.110878	−0.879660	0.294705
贵阳	−0.942308	2.101792	−0.981504	0.329594	−1.084416	0.830422	−2.496442
桂林	0.242881	−0.550743	0.367352	0.018861	1.369030	1.640976	−1.581786
哈尔滨	0.484178	−0.538546	−0.190365	0.493080	2.167734	2.811015	−3.874816
海南	0.118887	0.855932	−2.059545	−1.313848	4.705660	−0.585294	−3.224325
杭州	1.034953	0.580759	−1.189113	0.425777	−1.520880	0.766505	0.402665
合肥	−0.052496	0.131575	0.021130	0.226810	1.351595	−0.258099	−1.661306
惠州	0.270964	1.467681	−1.162637	0.296437	−0.400752	−1.541391	1.555405
济南	−1.041480	2.504814	−1.388146	0.154031	−2.409486	1.302157	−1.169790
昆明	0.161406	−0.270851	−0.329914	−0.195559	2.558699	−0.166113	−2.583166
兰州	0.380457	−0.992002	−0.571076	0.391379	0.923792	1.042612	−0.751996
洛阳	0.042004	−0.665481	0.526701	−0.031354	1.059049	1.847081	−2.825579
绵阳	0.268549	0.056950	−0.134093	0.951359	−0.026099	0.492175	0.144671
南昌	0.165538	0.197987	−0.220947	0.166327	0.988015	0.151883	−1.877263
南京	0.355768	1.611174	−0.814317	0.359552	5.548106	−0.894417	−6.159848
南宁	0.971674	0.705550	−0.412578	0.759267	2.800364	−1.288463	−0.966098

续表

	(Intercept)	sx3	sx4	sx5	sx6	sx7	sx8
宁波	−1.285534	−2.589696	0.395242	−0.563877	2.528615	0.808125	−3.715654
青岛	0.425926	2.345505	0.015808	−0.949341	2.299713	−1.853168	−2.426577
厦门	−0.078401	0.062798	0.031994	0.269621	1.945581	0.063504	−2.992478
上海	−0.404332	0.174937	−0.333408	−0.147777	1.877053	0.399031	−2.623975
深圳	0.258801	−0.208975	0.226504	0.310645	1.192214	−0.056375	−1.963689
沈阳	−0.620643	−0.062090	−0.023503	1.149384	−2.353437	1.913606	0.944955
石家庄	−1.339740	4.975659	−2.272035	−2.718959	1.914000	−1.514302	−3.347929
苏州	0.588316	0.554268	0.108023	−0.291107	0.939367	−0.894986	−1.055183
太原	−0.518874	2.570825	−1.706507	0.358035	0.124549	−0.133141	−0.854419
天津	−0.103402	−0.224178	0.093652	0.111698	2.520611	0.131766	−2.734178
威海	0.528935	−0.398370	0.570977	0.343622	1.302577	−0.392835	−2.117231
潍坊	−0.475056	1.186767	−1.464498	−0.216952	3.026497	−0.877155	−2.137632
乌鲁木齐	4.271368	2.445792	−0.872039	5.736164	2.873009	−3.776316	−0.107549
无锡	−0.808139	−1.280487	−0.221164	−0.183945	2.677399	0.354400	−2.496545
武汉	1.175263	0.716349	−0.139159	−0.814322	−0.453162	0.490883	−1.709598
西安	0.057267	0.005898	0.238391	0.116359	2.109182	0.004697	−3.229176
襄樊	0.675276	0.004506	0.112349	0.885831	0.764622	0.034855	−1.012648
杨凌	−0.102117	−0.687366	0.132218	0.439076	1.466064	−0.246671	−1.082448
长春	−0.462350	−0.187486	0.299684	−0.748539	2.201883	0.459735	−3.341175
长沙	2.786289	−0.448291	1.162407	3.096476	1.344458	−1.263902	−0.038305
郑州	2.609461	−11.047931	4.298386	5.534591	−6.769477	2.856642	4.378079
中山	0.463835	−0.349301	0.789627	0.014825	3.392618	−0.735146	−4.461920
重庆	−0.008867	0.412790	−0.580100	−0.957618	2.148893	0.214916	−3.291268
珠海	0.724380	−0.331206	0.067372	0.268593	0.317901	0.098063	−0.790342
株洲	−0.774235	−1.230490	−0.097763	0.472607	0.000976	1.259868	−0.931559
淄博	0.043357	1.411435	−0.971847	−0.048121	0.667072	−1.165625	−0.473724

为反映该模型的拟合效果,这里将模型的实际值与拟合值作散点图,见图 6-10。

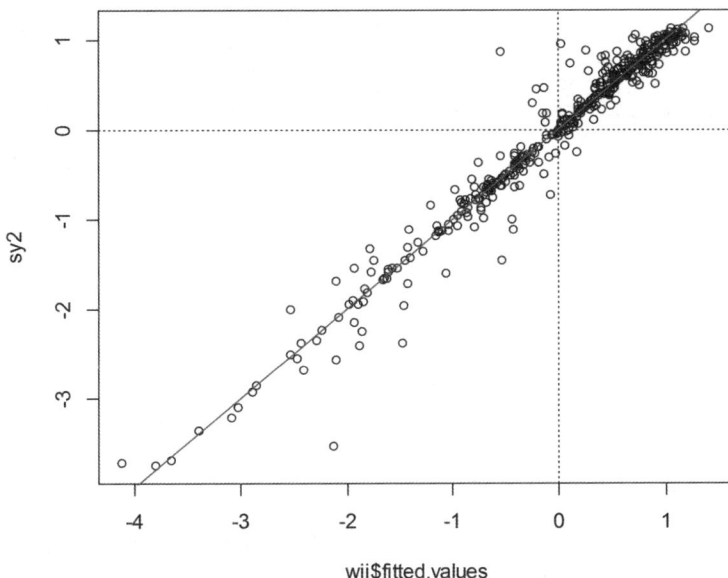

图 6-10　面板模型实际值与拟合值的散点图

可以看出,这些点都紧密围绕在对角线的周围,说明模型的拟合效果很好。

表 6-24 中标准化回归系数的绝对值大小度量了解释变量的相对重要性,值越大,表明该解释变量对因变量的影响越大。因此从系数的正负及取值来看,长沙、襄樊、乌鲁木齐、绵阳和福州等国家高新区平均规模的系数为正,且在影响因素中其正值最大。由于平均规模是年末资产与企业数的比值,平均规模也可看作是资本的投入,说明这些国家高新区的发展属于规模推动型,科技创新驱动的作用较弱,科技投入的影响小于资本投入的影响。而且中西部地区资本投入对产品销售收入的影响要明显比东部地区的影响程度更大。

本章针对无法构建面板模型的难题,利用 LASSO 回归筛选变量及利用时间序列聚类的方法,对不同类别的高新区分别构建面板模型有效地分析了影响它们创新绩效的因素以及影响程度。

第七章 我国高技术产业创新绩效影响因素的动态分析

近年来,全国各地区均大幅增加了对高技术产业在资金、人力、政策等方面的投入。那么,各地区的投入水平如何?是否对创新起到了预期的推动作用?是否存在投入过少导致创新不足或投入过多导致生产淤塞等现象?这些问题同样也出现在我国国家高新区的经济运行过程中,研发投入利用效率的高低也是国家高新区经济运行质量的一个集中反映。参阅科技部关于国家高新区综合实力的评价和创新能力的评价指标体系后发现,专利申请数和技术合同交易额是两个重要的反映创新绩效的指标,且影响创新绩效的因素还应有研发人员投入、研发经费支出中政府资金的比例以及税收政策等因素。但目前无法从公开的数据资料中获取到国家高新区的相关数据。考虑到国家高新区是高技术企业的汇集地,可以在很大程度上折射出各地区国家高新区的问题和特点。因此本章将状态空间模型和门槛模型有机结合,来探究我国各地区的高技术产业影响因素对创新绩效影响的动态轨迹,并寻找动态轨迹上的关键点,以期发现我国各地区国家高新区在经济发展过程中存在的短板,为国家高新区进一步健康发展提供重要参考。

一、文献综述

在以往的研究中,学者们提出的最具代表性的与高技术产业创新绩效及其影响因素有关的文献主要有以下几类：

(一)关于高技术产业创新绩效

学者们一般依据创新绩效的不同阶段,采用"专利申请数"和"新产品销售收入"两个指标来分别反映创新绩效中的创新能力和盈利能力。如袁茜等(2019)、陈智和吉亚辉(2019)、周姣和赵敏(2015)、王萌萌等(2015)、王伟光等(2015)选取"专利申请数"作为专利产出,用来衡量研发投入转化为知识产出的水平,选取"新产品销售收入"作为衡量研发成果的商业化转化水平。庄涛等(2015)则选取"三类专利申请量"、"发明专利申请量"以及"新产品销售收入"。

(二)关于创新绩效的影响因素

第一,资金和人力。部分研究在讨论人力要素投入对创新绩效的影响时,采用的指标是"R&D人员全时当量",如王斌等(2015)、王萌萌等(2015)等;而卢方元等(2011)则采用的是"R&D人员的比重"。对于表征创新资金投入的指标,大部分学者意见比较一致,即选择的是"R&D经费内部支出",如王萌萌等(2015)、刘焕鹏和严太华(2014)等;王斌等(2015)则认为应使用"新产品开发经费"来表征资本要素投入。

第二,政府的角色。对此的讨论可以分为两类:一是研究政府资金支持对高技术产业创新绩效的影响,其中大部分文献采用高技术产业筹资来源中"政府资金"这一指标来表征政府资金支持,如薛庆根(2014)、李培楠等(2014)、李瑞茜和白俊红(2013)、俞亚星(2011)等。王斌等(2015)则采用"科技经费中政府资金与企业、金融资金之比"来表征政府激励的强度。二是研究政府财税政策对高技术产业创新绩效的影响。如王钊和王良虎(2019)、樊元等(2014)用国家对"科技活动的财政支出/名义GDP",作为财政政策指标,用"高技术产业五大行业的税收收入/名义GDP"作为税收政策指标。此外,邓子基和杨志宏(2011)、李嘉明和乔天宝(2010)、吴秀波(2003)等还从"不同税种对高技术产业发展的影响"等更加细化的角度,研究了财政政策与税收政策对高技术产业发展的影响。

第三,企业规模。王伟光等(2015)认为可以用"单位工业企业产值"来衡量企业规模的大小。在分析结论上,王伟光等(2015)、桂黄宝(2014)等认为企业规模对创新效率具有显著的正向影响。肖仁桥(2012)认为企业规模滞后期效率值等对知识创新效率影响显著。

第四,金融支持。宋智文等(2013)在研究金融支持对高技术产业影响的实证分析中,其金融发展水平主要是由银行中介发展和资本市场发展两个方面来反映,其中金融机构贷款余额占 GDP 的比率来表征银行中介发展水平,用股票总市值占 GDP 的比率来表征股票市场的发展程度。

此外,也有部分学者专门研究了高技术产业筹资来源中各部分份额对创新绩效的影响。如薛庆根(2014)、俞亚星(2011)等。

(三)关于研究方法

在以往研究中,高技术产业创新绩效的研究方法主要有三大类:

第一,计量模型。如俞亚星(2011)采用的是空间面板和分位回归的计量分析方法;孙晓华和辛梦依(2013)则采用了门槛回归模型;薛庆根(2014)采用空间相关指数 Moran's I 及空间滞后模型;刘焕鹏和严太华(2014)等采用的是动态面板数据模型;张优智和党兴华(2014)采用了状态空间模型;魏洁云和江可申(2014)采用的是 PVAR 模型;叶柏青和韦伟(2015)采用了偏最小二乘(PLS)回归分析方法;王斌等(2015)采用的是固定效应模型和系统 GMM模型。

第二,DEA 方法。此类研究主要是利用各种 DEA 方法研究投入产出效率,或者在 DEA 的结果上结合计量模型来反映投入因素对效率的影响。如叶锐等(2012)构建了共享投入关联 DEA 模型;肖仁桥等(2012)构建了规模报酬可变情形下的两阶段链式关联 DEA 模型;李培哲等(2019)、桂黄宝(2014)则采用了 DEA-Malmquist 创新效率指数与空间计量面板模型相结合的方法;陈建丽等(2014)基于两阶段视角,提出了规模报酬可变网络 SBM 模型和 DEA 窗口分析方法相结合的分析方法;刘树林等(2015)采用的是技术创新三阶段模型及链式网络 DEA 方法；吕佳等（2015）运用的是 DEA Malmquist 指数；宇文晶等（2015）采用的是两阶段串联 DEA 模型与 Tobit 回归模型相结合的方法。

第三，其他方法。王晓珍等（2012）利用了时间序列交叉谱分析方法；桂黄宝（2013）采用的是改进锡尔熵和基尼系数模型；张华平（2013）采用了灰关联分析法；王萌萌等（2015）采用了区位熵的方法；李培楠等（2014）则将面板回归方法和 BP 神经网络方法相结合。

（四）文献评述

考察以往的文献，在高技术产业创新绩效方面，仍存在以下两个有待研究解决的问题：

第一，如何全面反映高技术产业的创新绩效。创新活动绩效核心是要反映创新的经济价值实现能力，体现的是企业创新经济活动的结构性特征与创新的成效。这需要考虑各种知识创新成果转化为经济价值的能力、方式以及结果。应该包括知识产出以及价值转化两部分。其中，专利申请是知识产出的主要形式；新产品销售收入是高技术企业实现创新价值最主要的形式，而以知识和技术创造财富也是高技术企业实现创新价值的重要形式。已有的文献一般选择"专利申请数"和"新产品销售收入"等指标，从"创新能力"和"盈利能力"两个维度对创新绩效进行研究。这些研究忽视了对创新成果知识转化能力的反映。

第二，如何全面考察各因素对高技术产业创新能力影响的动态轨迹，并对各地区影响因素开展动态比较。以往研究中，变系数面板模型仅能够得到一个系数，分位数回归模型也仅能得到每个分位点上的情况，这两种模型均无法得到反映各因素对创新绩效影响的动态轨迹。利用门槛模型研究各因素对高技术产业创新绩效的影响，只能得到门槛值前后反映自变量与因变量相关关系的具体数值，同时比较发现，如果不对样本点进行有效筛选，门槛效应往往不明显。状态空间模型能够提供因变量与自变量弹性系数在各个时间点上的具体取值，从而将各因素对创新绩效的影响程度逐年反映出来，但状态空间模型无法确定动态变动的拐点,也无法说明动态轨迹出现变化的具体原因。

二、高技术产业创新绩效影响动态比较方法

针对上述存在的问题,本章提出将状态空间模型和门槛模型相结合,对高技术产业创新绩效影响因素进行动态比较的思路,即状态空间模型可以为门槛模型提供有效的样本筛选,门槛模型提供的门槛值可以作为影响因素动态变化轨迹的拐点,如果门槛模型的结论与状态空间模型的动态轨迹吻合,则可以弥补状态空间模型的不足。

第一,针对既有文献中忽视创新成果转化为现实生产力的问题,在高技术产业的创新绩效中引入能够反映"创新成果知识转化能力"的指标,即从"创新能力"、"盈利能力"和"知识转化能力"三个维度进一步拓展研究视角。因此,本章在保留"专利申请数"和"新产品销售收入占比"两个指标反映创新能力和盈利能力的基础上,增加了"技术合同交易额"以反映创新的知识转化能力。

第二,构建状态空间模型研究各因素对创新绩效影响的动态轨迹。这样做有两个目的:一是利用模型产生的动态轨迹可以清晰地认识影响因素对创新绩效影响的规律。二是对样本点进行有效筛选。即通过状态空间模型找出动态轨迹呈现波动变化的省份,这样筛选后的样本点构建的门槛模型更易于通过门槛效应检验。

第三,在状态空间模型对样本进行筛选的基础上,构建门槛模型。利用门槛模型对状态空间模型所描绘的动态轨迹做出合理的解释,同时,通过将各地区的影响因素所处水平与门槛值进行比较,可以对各地区高新技术产业的发展阶段有更清晰的认识,明确是否存在投入过少导致创新不足或投入过多导致生产淤塞等现象,并对各地区发展阶段做出具体的划分。

第四,对两种模型的结果相互验证。如果门槛模型的结论与状态空间模型的动态轨迹吻合,则可以进一步验证本章将二者结合使用的有效性。

三、实证分析

（一）数据来源和变量介绍

1.指标体系的构建

（1）表征创新绩效的指标选择

基于前期的研究成果可以发现既有文献的研究在创新绩效的表征上主要采用的是"专利产品数"和"新产品销售收入"两个指标。本章认为仅用这两个指标反映高技术产业的创新绩效仍显不够全面，创新绩效还应该包括高技术产业中的科技成果向现实生产力转化的成效，因为 R&D 合同交易后的主要收入又都被用于创新投入。同时，"技术合同交易额"能够比较好地反映科技成果向现实生产力转化的能力。因此，本章认为在研究高技术产业创新绩效时应采用"专利产品数"反映创新绩效中的创新能力，采用"新产品销售收入与主营业务收入比"反映创新绩效中的盈利能力，采用"技术合同交易额"反映创新绩效中的知识转化能力。

（2）关于影响创新绩效的因素的选择

综观上述文献可以看出，既有的研究对于高技术产业创新绩效影响因素的选择不尽相同，且基于行业的影响因素研究与基于省际影响因素研究在选择上也略有差别。一般认为，不同省份由于在人力投入、资金支持、税收政策等各方面均有所不同，其对创新绩效的影响效果也是有差异的。另外，鉴于"金融机构贷款"这个指标在 2011 年及以后的《中国高技术产业统计年鉴》中被取消了。那么关于金融支持对高技术产业创新的影响也就无法进行研究。因此，本章认为研究我国各省份创新绩效影响因素的动态影响轨迹时，应该选择的因素为：研发人员投入、研发经费规模、政府资金支持、平均企业规模以及税收政策等 5 个。

基于上述分析,本章从盈利能力、创新能力、知识转化能力三个方面来反映高技术产业的创新绩效,表征这三方面能力的指标依次为:新产品销售收入与主营业务收入比、专利申请数量和技术合同交易额。而关于各省市的高技术产业创新绩效的影响因素,本章分别选择了研发人员投入、研发经费投入、政府资金支持、平均企业规模以及税收政策等 5 个。具体的指标及在实证分析中的代码介绍如表 7-1 所示。

表 7-1　指标体系及其代码

		指标名称	变量代码
创新绩效指标	盈利能力	新产品销售收入与主营业务收入比	SR
	创新能力	专利申请数量	PA
	知识转化能力	技术合同交易额	TCT
影响因素指标	研发人员投入	R&D 从业人员与高技术产业从业人员比	RDP
	研发经费投入	R&D 经费支出与主营业务收入比	RDE
	政府资金支持	政府资金与 R&D 内部经费支出比	GF
	平均企业规模	主营业务收入/企业个数	ES
	税收政策	税收收入与名义 GDP 比	TP

2.数据来源

本章所涉及各指标的数据的时间段为 1998—2016 年,数据主要来源于 1999—2017 年版的《中国高技术产业统计年鉴》、《中国火炬统计年鉴》及《中国科技统计年鉴》。由于西藏、青海、新疆 3 个省份的缺失值较多,故将其剔除,主要研究 28 个省市自治区高技术产业创新绩效影响因素的动态比较。

(二)各省市各影响因素与创新绩效的动态比较

1.状态空间模型的构建

状态空间模型主要反映了解释变量对被解释变量在不同时间点上的动态影响。它是由一组状态方程和量测方程构成的,其中,状态方程是指当时刻变化后,由前一时刻的状态推算现在时刻的状态;量测方程则描述了观测信息和状态向量之间的联系,是由现在时刻的状态预测估计现在时刻的观测值。

本章是基于 28 个省市自治区分别构建状态空间模型,以反映各省份 5 个影响因素与其高技术产业创新绩效的动态关系。在构建状态空间模型之前,应先对变量进行平稳性检验。检验结果表明,将原数据取自然对数后,其一阶差分平稳。因此,构建的模型如下:

量测方程:

$$\ln \mathrm{SR}_t = sv_{1t} \times \ln \mathrm{RDE}_t + sv_{2t} \times \ln \mathrm{RDP}_t + sv_{3t} \times \ln \mathrm{GF}_t +$$
$$sv_{4t} \times \ln \mathrm{ES}_t + sv_{5t} \times \ln \mathrm{TP}_t + \mu_t \qquad (7\text{-}1)$$

$$\ln \mathrm{PA}_t = sv_{1t} \times \ln \mathrm{RDE}_t + sv_{2t} \times \ln \mathrm{RDP}_t + sv_{3t} \times \ln \mathrm{GF}_t +$$
$$sv_{4t} \times \ln \mathrm{ES}_t + sv_{5t} \times \ln \mathrm{TP}_t + \mu \qquad (7\text{-}2)$$

$$\ln \mathrm{TCT}_t = sv_{1t} \times \ln \mathrm{RDE}_t + sv_{2t} \times \ln \mathrm{RDP}_t + sv_{3t} \times \ln \mathrm{GF}_t +$$
$$sv_{4t} \times \ln \mathrm{ES}_t + sv_{5t} \times \ln \mathrm{TP}_t + \mu_t \qquad (7\text{-}3)$$

状态方程:

$$sv_{1t} = c(1) \times sv_{1t-1} + \varepsilon_t^1$$
$$sv_{2t} = c(2) \times sv_{2t-1} + \varepsilon_t^2$$
$$sv_{3t} = c(3) \times sv_{3t-1} + \varepsilon_t^3$$
$$sv_{4t} = c(1) \times sv_{4t-1} + \varepsilon_t^4 \qquad (7\text{-}4)$$
$$sv_{5t} = c(1) \times sv_{5t-1} + \varepsilon_t^5$$

其中,方程(7-1)~(7-3)描述各影响因素与盈利能力、创新能力及知识转化能力之间的动态关系。方程组(4)表示了状态变量的生成过程,$c(\cdot)$ 为除公式中所列各影响因素以外的其他影响被解释变量的因素的集合。参数 sv_{1t},sv_{2t},……,sv_{5t} 为随时间而变化的状态变量,反映不同时间点上各影响因素对各创新绩效指标的弹性。另外,方程(7-1)~(7-4)中 μ_t、ε_t^1、ε_t^2、ε_t^3、ε_t^4、ε_t^5 均被假定为独立同分布,相互之间不相关且方差一定。

2.各省市各影响因素对创新绩效弹性变化的动态比较

比较各省份关于各影响因素与创新绩效三个指标的状态空间模型,可以发现,各因素对创新绩效的影响基本呈现两种态势:一是部分省份的影响因素对绩效指标的动态影响轨迹是近乎水平的,这说明影响因素对绩效的弹性每年变化不大;二是部分省份的影响因素对绩效指标的动态影响是非水平的,且同一影响因素对同一绩效指标的这种非水平波动轨迹是相似的(具体情况见表 7-2)。

表 7-2　具有非水平动态轨迹的省份

产出变量	投入变量	省份
SR	RDE	河北、江苏、山东、广东、广西、陕西
	RDP	北京、黑龙江、江苏、浙江、江西、湖北、陕西
	ES	辽宁、安徽、湖北、湖南、重庆
	GF	江苏、湖南、重庆、云南、宁夏
	TP	河北、上海、江苏、广西、重庆
PA	RDE	北京、天津、浙江、山东、湖北
	RDP	北京、辽宁、安徽、山东、四川、甘肃
	ES	吉林、江苏、江西、福建、甘肃
	GF	天津、江苏、广东、广西、重庆
	TP	天津、吉林、山东、河南、湖南
TCT	RDE	吉林、江苏、福建、湖南、四川、贵州、甘肃
	RDP	北京、吉林、黑龙江、上海、江西、湖南、广东、陕西
	ES	山西、辽宁、山东、湖北、四川
	GF	北京、吉林、湖南、云南、陕西
	TP	北京、辽宁、黑龙江、江苏、浙江、福建、湖南、云南、陕西

本章的重点是研究这种非水平的动态轨迹,以期发现某些规律,具体研究内容如下。

(1)各影响因素对盈利能力(新产品销售收入占比)的弹性变化的动态比较

根据由方程(7-1)和方程(7-4)构成的状态空间模型得到参数 sv_1,sv_2,…,sv_5 随时间变化的情况,见图 7-1~图 7-5。这 5 个图反映了不同时间点上各影响因素对盈利能力的弹性变化。

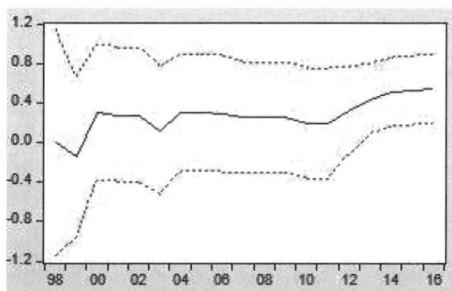

图 7-1 研发人员投入对盈利能力的
动态影响(浙江)

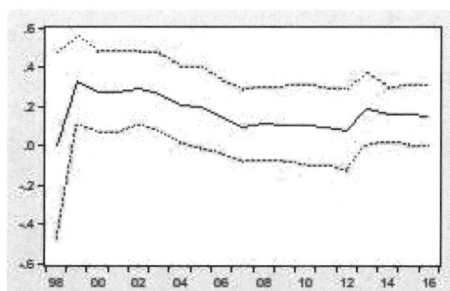

图 7-2 研发经费投入对盈利能力的
动态影响(陕西)

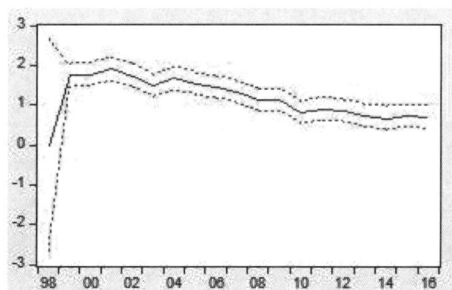

图 7-3 平均企业规模对盈利能力的
动态影响(辽宁)

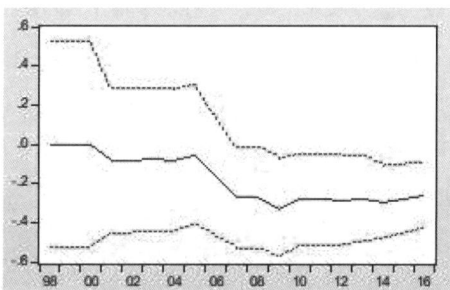

图 7-4 政府资金支持对盈利能力的
动态影响(宁夏)

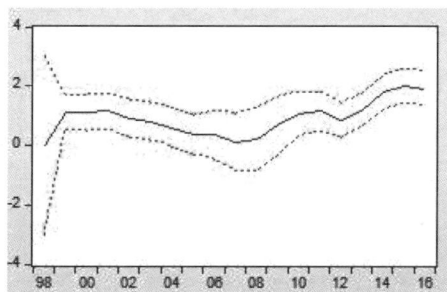

图 7-5 税收政策对盈利能力的动态影响(河北)

　　从图 7-1~图 7-5 可以看出,第一,研发人员投入对盈利能力的弹性在整个时间段内均大于零,且系数变化是先急速上升达到一定高度后缓慢上升;具体来讲,研发人员的占比在没有达到某个限值前,其对盈利能力的正向影响是比较小的;随着研发人员占比不断增加至某个值后,其对盈利能力的正向影响将放大。这种现象出现主要是因为高技术产业是知识和智力密集型产业,产业发展更多地需要依靠高技术人才,人力资本对于产品的创新及其新产品的开发和销售都有着重要的作用。因此,高科技人才集聚并联合形成研发团队对新产品的开发和销售的激励作用将更大。第二,研发经费投入对盈利能力的弹性虽然也是在整个时间段内均大于零,但却呈现出先急速上升达到顶点后开始波动下降至平稳状态;这说明在达到某个值后,随着研发经费投入的继续增加,其对盈利能力的刺激作用将越来越小。这些趋势表明我国高技术产业还主要是依靠劳动力和资源优势来获取利润。第三,平均企业规模对盈利能力的弹性在 2000 年前急剧上升,随后呈现缓慢下降的变化状态。这说明随着规模由小增大,其规模效应发挥的作用越来越大,但当规模达到一定程度,随着规模的扩张,企业之间缺乏技术创新联合,企业内部管理水平不高,劳动生产率没有很好地提升,都将会影响企业的盈利能力。企业规模反而成为高技术企业创新的阻力。第四,政府资金支持对盈利能力的弹性在整个时间段内均小于零,并表现出逐渐下降的变化过程。这说明政府资金支持对高技术产业的盈利能力起到了抑制的作用。究其原因主要是因为地方政府资金支持缺乏科学、合理的分配机制,从而出现大量科研资金重复投向某些企业,使得这些企业的消极懈怠思想严重,故不能显著提高企业的盈利能力。第五,税收政策对盈利能力的弹性在整个时间段内弹性系数均大于零,且表现先缓慢上升的变化过程。这说明税收政策对盈利能力的影响是持续正向的,之后趋于平稳。因此,各省份应该在税收政策方面给以更大的优惠力度。

(2)影响创新能力(专利申请数)的因素分析

根据由方程(7-2)和方程(7-4)构成的状态空间模型估计出的参数 sv_1,sv_2,…,sv_5 随时间变化的情况,见图 7-6~图 7-10。这 5 个图反映了不同时间点上各影响因素对创新能力的弹性变化。

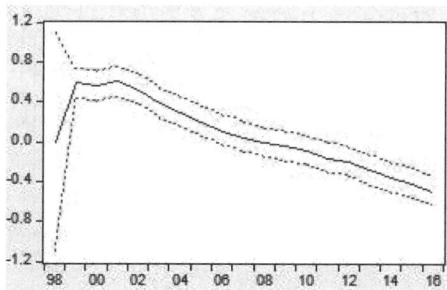

图 7-6　研发人员投入对创新能力的
动态影响(浙江)

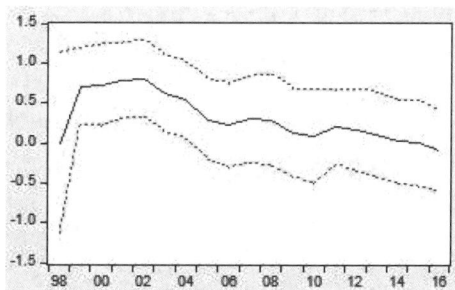

图 7-7　研发经费投入对创新能力的
动态影响(山东)

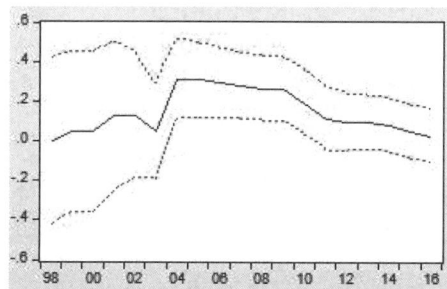

图 7-8　平均企业规模对创新能力的
动态影响(福建)

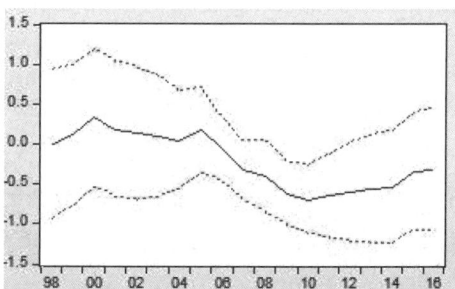

图 7-9　政府资金支持对创新能力的
动态影响(重庆)

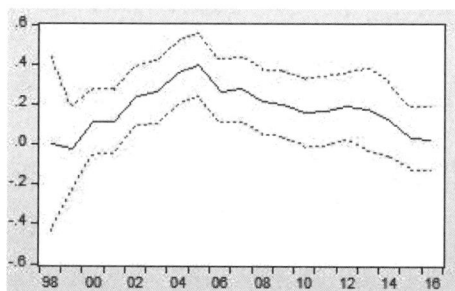

图 7-10　税收政策对创新能力的动态影响(山东)

　　由图 7-6～图 7-10 可以看出,第一,研发人员投入对创新能力的弹性系数的变化过程呈现出先上升随后不断下降直至为负的变化过程。由此表明我国高技术产业发展的一种现象,即我国某些地区的高技术产业研发人员研发能力不足,对创新绩效的贡献不大,无法持续创造和提供技术含量较高的专利;

第二,与研发人员投入相似,研发经费投入对创新能力的弹性系数变化过程也呈现出先轻微上升随后不断下降的变化过程。具体来讲,初始随着研发经费投入的增加,对创新能力的激励作用还是很明显的。但随着投入继续增加,其对创新能力的影响反而逐渐减弱。这些都表明目前我们国家高技术产业创新效率和研发能力较低,很多高技术企业一味依靠之前的专利产品进行生产,或直接从事技术含量较低的生产,即便研发经费在增加,根本无法拿出与之相匹配的专利产品。第三,平均企业规模对创新能力的弹性系数在2005年之前处于不断上升状态,随后平缓下降。这说明当企业规模很小时,人力投入和研发投入都无法满足创新条件,因此随着企业规模的扩大,形成研发团队和充足的资金支持后,创新能力会得到很好的发挥,但是在形成规模经济、范围经济效应后,企业规模会抑制其创新能力的发挥。第四,政府资金支持对创新能力的弹性系数在整个时间段处于下降状态,且在2005年系数由正变为负,而后虽有轻微上升,但最终在零附近趋于稳定。这种现象说明,最初政府资金支持对创新能力起到一定的刺激作用,但是随着政府资金支持的继续增加,对创新能力反而产生了抑制作用。这主要是因为地方政府的资金支持干预了企业的研发导向,导致企业的研发积极性不高,降低了资源的配置效率。而随着市场经济的发展,地方政府加大激励企业以市场为导向的自主研发,因此近几年这种现象有明显好转。第五,税收政策对创新能力的弹性系数在整个时间段弹性系数大于零,且从1998年开始有比较大幅度的拉升,当达到一定的界限后,弹性系数又逐渐变小。

(3)影响知识转化能力(技术合同交易额)的因素分析

根据由方程(7-3)和方程(7-4)构成的状态空间模型估计出的参数 sv_{1t}、sv_{2t}、sv_{3t}、sv_{4t}、sv_{5t} 随时间变化的情况,见图7-11~图7-15。这5个图反映了不同时间点上各影响因素对知识转化能力的弹性变化。

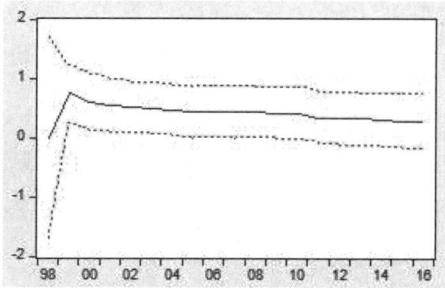

图 7-11　研发人员对知识转化能力的
动态影响(吉林)

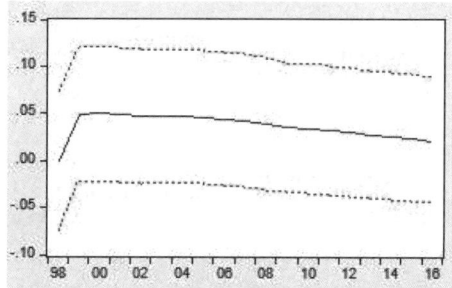

图 7-12　研发经费对知识转化能力的
动态影响(湖南)

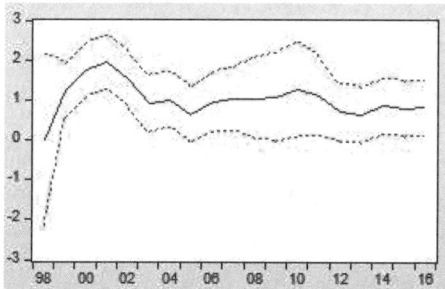

图 7-13　企业规模对知识转化能力的
动态影响(山西)

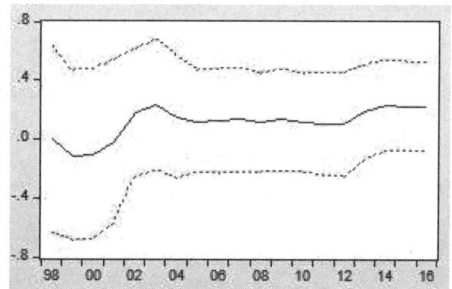

图 7-14　政府资金对知识转化能力的
动态影响(北京)

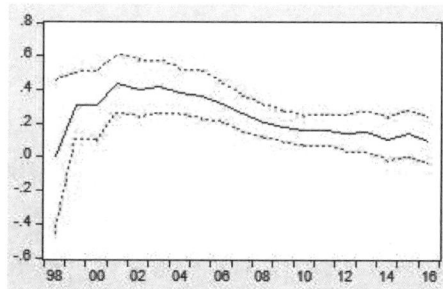

图 7-15　税收政策对知识转化能力的动态影响(辽宁)

技术合同交易额主要由技术开发、技术转让、技术服务和技术咨询等四方面合同交易产生。由图 7-11～图 7-15 可以看出,第一,研发人员投入对知识转化能力的弹性系数始终大于零,变化过程呈现先上升随后保持平稳的状态。这主要是因为,近几年技术开发合同和技术服务合同在技术合同交易中占主要地位,而研发人员是技术开发和技术服务的主体,因此,研发人员投入对技术合同交易额的影响是正向的。第二,研发经费投入对知识转化能力的弹性系数先上升,达到一定的界限后逐渐平缓下降,但整个变化过程中系数仍然大于零。这说明一味地增加资本投入并不一定能有效地解决高技术产业创新成果转化中的人才、技术的缺失问题,因而也无法有效推动创新成果的转化。第三,平均企业规模对知识转化能力的弹性系数表现出先上升随后波动下降至平稳状态。这说明大企业科技资源实力较强,利于创新成果转化的持续性,使得创新转化不会因资源中断而流产。第四,政府资金支持对知识转化能力的弹性系数在整个时间段均大于零,并且表现出先上升随后至平稳状态的变化过程。这说明,政府资金支持开始阶段对于知识转化能力有着明显的拉升作用,但达到一定的水平后,这种拉升作用不再被放大,但还维持在一个比较高的水平上。结合前面分析可以看出,政府资金支持对创新绩效有一定的滞后效应,用于研发的当期投入,要等到知识转化阶段才能显现出其正向的影响。第五,税收政策对知识转化能力影响的弹性系数先上升而后平缓下降接近零。这说明,当税收收入占比超过一定界限后,其对技术合同交易额的影响将会逐渐衰弱。因此,相关省份应考虑出台针对高技术产业技术合同交易额的优惠税收政策以促进知识转化能力。

(三)创新绩效的门槛效应分析

通过上述分析,可以发现每一种因素的投入对创新绩效指标影响的非水平动态轨迹是有规律的,且是存在一定拐点的。当投入量达到这个拐点值,其弹性系数会比之前发生变化。因此,本章认为可以借助门槛模型(魏玮和陈杰江,2017;三良和纪苗,2018;沈悦和董鹏刚,2018;石文香和陈盛伟,2019)来进一步确定具体的拐点取值。但为能够顺利通过门槛效应的检验,提供门槛模型的显著性,这里只是以那些具有非水平动态轨迹的省份(见表7-2)为样本构建模型。这里,门槛模型的基本形式如下:

$$\ln(\text{创新绩效指标}) = \theta_1 \times \ln RDE \times I(\ln RDE < \eta_1) + \theta_2 \times \ln RDE \times$$
$$I(\ln RDE \geqslant \eta_1) + \alpha_1 \times \ln RDP + \alpha_2 \times \ln GF +$$

$$\alpha_3 \times \ln ES + \alpha_4 \times \ln TP + \mu_i + \varepsilon_{it} \tag{7-5}$$

$$\ln(创新绩效指标) = \theta_1 \times \ln RDP \times I(\ln RDP < \gamma_1) + \theta_2 \times \ln RDP \times$$
$$I(\ln RDP \geqslant \gamma_1) + \alpha_1 \times \ln RDE + \alpha_2 \times \ln GF +$$
$$\alpha_3 \times \ln ES + \alpha_4 \times \ln TP + \mu_i + \varepsilon_{it} \tag{7-6}$$

$$\ln(创新绩效指标) = \theta_1 \times \ln GF \times I(\ln GF < \varphi_1) + \theta_2 \times \ln GF \times$$
$$I(\ln GF \geqslant \varphi_1) + \alpha_1 \times \ln RDE + \alpha_2 \times \ln RDP +$$
$$\alpha_3 \times \ln ES + \alpha_4 \times \ln TP + \mu_i + \varepsilon_{it} \tag{7-7}$$

$$\ln(创新绩效指标) = \theta_1 \times \ln ES \times I(\ln ES < \phi_1) + \theta_2 \times \ln ES \times$$
$$I(\ln ES \geqslant \phi_1) + \alpha_1 \times \ln RDE + \alpha_2 \times \ln RDP +$$
$$\alpha_3 \times \ln GF + \alpha_4 \times \ln TP + \mu_i + \varepsilon_{it} \tag{7-8}$$

$$\ln(创新绩效指标) = \theta_1 \times \ln TP \times I(\ln TP < \delta_1) + \theta_2 \times \ln TP \times$$
$$I(\ln TP \geqslant \delta_2) + \alpha_1 \times \ln RDE + \alpha_2 \times \ln RDP +$$
$$\alpha_3 \times \ln GF + \alpha_4 \times \ln ES + \mu_i + \varepsilon_{it} \tag{7-9}$$

式(7-5)～(7-9)中，θ_1、θ_2分别反映了在解释变量比小于门槛值、大于门槛值的两个阶段上，解释变量与盈利能力的相关关系；η_1和η_2是针对R&D经费支出比(RDE)门槛模型中的门槛值；γ_1和γ_2是针对R&D从业人员比(RDP)门槛模型中的门槛值；φ_1和φ_2是针对政府资金比(GF)门槛模型中的门槛值；ϕ_1和ϕ_2是针对产业规模(ES)门槛模型中的门槛值；δ_1和δ_2是针对税收政策(TP)门槛模型中的门槛值。

显然，不同的创新绩效指标，其门槛模型的具体形式又有不同，模型的确定依据是门槛效应检验。

1.盈利能力(新产品销售收入与主营业务收入比)的门槛效应研究

各影响因素对盈利能力门槛效应的检验结果见表7-3。表7-3的第3列、第4列是门槛效应检验结果，第5列是根据门槛效应检验结果确定的门槛模型中门槛值的估计结果。

表 7-3　5 个影响因素对盈利能力的门槛效应及门槛模型的估计结果

产出变量	门槛变量	门槛模型			
		F 统计量	P 值	门槛值	门槛变量系数
SR	RDE	7.63	0	−3.926	0.298*
					0.179*
	RDP	4.51	0.0016	−2.374	0.396*
					0.547*
	ES	10.43	0	0.977	1.323*
					0.979*
	GF	9.94	0	−2.944	−0.136*
					−0.337*
	TP	6.37	0	−3.1	0.154*
					0.2207*

注:表中的 F 值与各显著性水平下的临界值都是通过"自抽样"方法反复抽样 300 次得到的结果,* 和 ** 分别表示 10% 和 5% 的水平下显著。

从表 7-3 可以看出,研发经费投入(RDE)、研发人员投入(RDP)、平均企业规模(ES)、政府资金支持(GF)及税收政策(TP)都通过了单门槛效应检验。由表 7-3 最后一列的模型估计结果可知:

研发人员投入的门槛变量系数分别为:$\ominus_1 = 0.396$,$\ominus_2 = 0.547$,且 $0 < \ominus_1 < \ominus_2$。说明虽然研发人员投入对盈利能力的影响都是正相关的,且这种相关关系在达到门槛值(R&D 从业人员/高技术产业从业人员 = 0.093)后会增强。这种分析结果与状态空间模型的结论(见图 7-1)是一致的。具体到 2014 年各省份的研发人员投入,大于门槛值的省份有北京、黑龙江、陕西、贵州、浙江、海南等。

研发经费投入的门槛变量系数分别为:$\ominus_1 = 0.298$,$\ominus_2 = 0.179$,且 $0 < \ominus_2 < \ominus_1$。这说明研发经费投入对盈利能力的正向提升作用,但当投入达到门槛值(R&D 经费支出/主营业业务收入 = 0.0197)后,对盈利能力的促进作用在减弱。这与图 7-2 的动态影响轨迹是相呼应的。从 2016 年各省份的研发经费投入情况看,大于门槛值的省份有安徽、湖南、山东、上海、广东、云南、陕西、北京、河北、福建、辽宁、湖北、浙江、黑龙江。

平均企业规模的门槛变量系数分别为：$\ominus_1=1.323$，$\ominus_2=0.979$，且 $0<$ $\ominus_2<\ominus_1$。这说明平均企业规模在达到门槛值（主营业务收入/企业个数＝2.6565)前随着规模越来越大，其对盈利能力的刺激效果是很明显的正相关关系，但达到门槛值后，企业规模对盈利能力正向的促进作用变弱。这与图 7-3 的动态影响轨迹也是相呼应的。具体到 2016 年各省份高技术产业的平均企业规模来看，大于门槛值的省份有北京、湖南、广东、湖北、河南、辽宁、江苏、黑龙江、四川、天津、陕西、福建、广西、山东、山西、上海、重庆等。

政府资金支持的门槛变量系数分别为：$\ominus_1=-0.136$，$\ominus_2=-0.337$，且 $\ominus_2<\ominus_1<0$。政府资金支持对盈利能力具有负向抑制作用，且在达到门槛值（政府资金/R&D 内部经费支出比＝0.0527)后，这种负向影响会更加明显。这与图 7-4 是相互呼应的。从 2016 年各省份政府资金支持情况来看，大于门槛值的省份有北京、福建、江苏、湖南、湖北、广东、山东、辽宁、河南、黑龙江、吉林、陕西、山西等，说明这些省份的政府资金支持规模已不适宜再扩大了。

税收政策的门槛变量系数分别为：$\ominus_1=0.154$，$\ominus_2=0.2207$，且 $0<\ominus_1<$ $\ominus_2$。从门槛值（税收收入/名义 GDP＝0.045)的情况来看，小于门槛值时，税收收入占比的变化对盈利能力的影响较弱，但是大于门槛值后，其对盈利能力的正向影响放大。这与图 7-5 的动态影响轨迹也是相呼应的。从 2016 年各省高技术产业税收占比情况来看，大于门槛值的省份只有上海和北京。这说明各省份在高技术产业上税收政策的优惠力度还不够大，还应继续出台幅度更大的税收优惠政策，以促进高技术产业创新的盈利能力。

2.创新能力（专利申请数 PA）的门槛效应分析

同样，5 个影响因素对创新能力的门槛效应检验结果见表 7-4。通过表 7-4 可以看出，五个影响因素全部通过了单门槛效应检验。

表 7-4　五个影响因素对创新能力的门槛效应及门口模型的估计结果

产出变量	门槛变量	单门槛模型			
		F 统计量	P 值	门槛值	门槛变量系数
PA	RDE	3.75	0.003	−3.477	0.4822*
					−0.1058*
	RDP	4.55	0	−2.963	0.2846*
					−0.271*
	ES	5.03	0	−0.604	0.1063*
					0.1428*
	GF	4.21	0.0006	−1.143	−0.1402*
					−0.4137*
	TP	3.48	0.003	−4.722	0.2961*
					0.0943*

从表 7-4 最后一列模型的估计结果来看:研发人员投入的门槛变量系数分别为:$\ominus_1=0.2846$,$\ominus_2=-0.271$,且 $\ominus_2<0<\ominus_1$。这说明当研发人员投入小于门槛值(R&D 从业人员/高技术产业从业人员 = 0.0517)时,门槛变量的系数大于 0,研发人员投入对创新能力的影响是正相关的,有比较大的促进作用;当研发人员投入大于门槛值时,门槛变量的系数小于 0,说明人员的投入对创新能力的影响变成了负向的,此时,研发人员投入的不断增加抑制了创新,形成冗余。这与图 7-6 的动态轨迹是一致的。从 2016 年各省份的具体情况来看,大于门槛值的省份有北京、广东、陕西、安徽、山东、天津、河北、辽宁、湖北、浙江、福建等省份。

研发经费投入的门槛变量系数分别为:$\ominus_1=0.4822$,$\ominus_2=-0.1058$,且 $\ominus_2<0<\ominus_1$。与研发人员投入的情况类似,当研发经费投入小于门槛值(R&D 经费支出/主营业业务收入 = 0.0309)时,研发经费投入对创新能力的影响是正面的激励作用;当研发经费投入大于门槛值时,门槛变量的系数小于 0,说明研发经费的继续增加将抑制创新能力的进一步提高。这与图 7-7 的动态轨迹是相呼应的。从 2016 年各省份的研发经费投入情况看,小于门槛值的省份有北京、广东、浙江、山东、上海、天津、广西、山西、江西、云南、辽宁、甘肃、

安徽、黑龙江、河北、湖南、湖北、内蒙古、吉林、贵州、福建、河南、江苏、四川、重庆、海南等省份,这说明我国众多省份目前都应进一步加大研发经费的投入才能更好地促进高技术产业的创新能力。

平均企业规模的门槛变量系数分别为: $\ominus_1 = 0.1063$, $\ominus_2 = 0.1428$, 且 $0 < \ominus_1 < \ominus_2$。这说明平均企业规模对创新能力具有正向影响,当平均企业规模大于门槛值(主营业务收入/企业个数 $= 0.5466$)时,对创新能力的正向影响将逐渐增强。从 2016 年各省份的企业规模情况看,大于门槛值的有山东、河南、广东、北京、云南、河北、宁夏、湖南、江苏、湖北、浙江、甘肃、安徽、辽宁、福建、四川、上海、黑龙江、海南、贵州、江西、内蒙古、陕西、吉林、广西、山西、天津、重庆等省份。

政府资金支持的门槛变量系数分别为: $\ominus_1 = -0.1402$, $\ominus_2 = -0.4137$, 且 $\ominus_2 < \ominus_1 < 0$。这说明政府资金支持对创新能力的影响始终是负向的,且当大于门槛值(政府资金/R&D 内部经费支出比 $= 0.3189$)时,负影响会逐渐增强。从 2016 年各省份的政府资金支持情况看,辽宁、黑龙江等省份应当适量减少政府资金的投入。

税收政策的门槛变量系数分别为: $\ominus_1 = 0.2961$, $\ominus_2 = 0.0943$, 且 $0 < \ominus_2 < \ominus_1$。从门槛值(税收收入/名义 GDP $= 0.0089$)的情况看,当税收收入占比比较小时,其税收政策对创新能力的影响是正向的,并且是影响比较大;当税收收入占比大于门槛值后,其对创新能力的正向影响会减弱。这与图 7-8 的动态轨迹也是相呼应的。从 2016 年的具体情况来看,北京、上海、江苏、广东、浙江、重庆等省份大于门槛值。

3.知识转化能力(技术合同交易额,TCT)的门槛效应分析

表 7-5 是 5 个影响因素对知识转化能力的门槛效应检验及门槛模型的估计结果。通过表 7-5 可以看出,5 个影响因素都通过了单门槛效应的检验。

表 7-5　五个影响因素对技术合同交易额的门槛效应检验及门槛模型的估计结果

产出变量	门槛变量	单门槛模型			
		F 统计量	P 值	门槛值	门槛变量系数
TCT	RDE	39.428	0.019	−4.326	0.0426*
					0.0374*
	RDP	7.893	0.038	−2.775	0.5637*
					0.4361*
	ES	37.26	0.0002	0.672	1.2631*
					1.0056*
	GF	3.089	0.02	−1.344	0.2711*
					0.2813*
	TP	12.377	0	−4.64	0.2301*
					0.1937*

基于表 7-5 的门槛效应检验结果可以看出:第一,研发人员投入的门槛变量系数分别为:$\ominus_1 = 0.5637$,$\ominus_2 = 0.4361$,且 $0 < \ominus_2 < \ominus_1$,说明研发人员的投入对知识转化能力的激励作用都比较大,在达到门槛值(R&D 从业人员/高技术产业从业人员＝0.06235)之后,这种激励作用会轻微减弱。这与图 7-11 的动态影响轨迹也是相呼应的。从 2016 年各省份的具体情况看,云南、江西、宁夏、贵州等省份小于门槛值,应当加大研发人员的投入。

第二,研发经费投入的门槛变量系数分别为:$\ominus_1 = 0.0426$,$\ominus_2 = 0.0374$,且 $0 < \ominus_2 < \ominus_1$,说明研发经费投入对知识转化能力的影响是正向的,且与研发人员投入的情况类似,在大于门槛值(R&D 经费支出/主营业务收入＝0.01322)后,研发经费投入对知识转化能力的影响会逐步减弱。这与图 7-12 是相吻合的。从 2016 年的具体情况来看,大部分省份,如北京、上海、广东、江西、贵州、山东、浙江、四川、黑龙江、江苏、福建、湖北、天津、辽宁、安徽、湖南、上海、云南、海南、宁夏、河北、陕西等,已大于门槛值。

第三,平均企业规模的门槛变量系数分别为:$\ominus_1 = 1.2631$,$\ominus_2 = 1.0056$,且 $0 < \ominus_2 < \ominus_1$,说明平均企业规模对知识转化能力的影响是正向的,只是当平均企业规模大于门槛值(主营业务收入/企业个数＝1.96)后,平均企业规模对知识转化能力的正向影响会减弱。这与图 7-13 是吻合的。从 2016 年的具

体情况来看,山东、福建、安徽、黑龙江、海南、贵州、吉林、湖南、湖北、辽宁、陕西、河北、河南等省份已大于门槛值。

第四,政府资金支持的门槛变量系数分别为:$\ominus_1=0.2711,\ominus_2=0.2813$,且 $0<\ominus_1<\ominus_2$,说明政府资金支持对知识转化能力的影响是正向的,且在大于门槛值(政府资金/R&D 内部经费支出=0.2608)后,其对知识转化能力的激励作用会更加明显。这与图 7-14 相呼应。从 2016 年各省份的政府资金支持情况来看,只有吉林、黑龙江和陕西已大于门槛值,其余省份还应继续加大政府资金支持力度促进高技术产业创新的知识转化能力。

第五,税收政策的门槛变量系数分别为 $\ominus_1=0.2301,\ominus_2=0.1937$,且 $0<\ominus_2<\ominus_1$,这说明在达到门槛值(税收收入/名义 GDP=0.0097)之前,税收政策对知识转化能力的较强的正向影响;但超过门槛值后,税收政策对知识转化能力的正向影响变得较弱,即税收收入上缴得越多,对促进技术合同交易的完成越产生抑制作用。这与图 7-15 是相呼应的。从 2016 年的各省份高技术产业的税收占比情况来看,北京、上海、浙江、山东、江苏、广东、吉林、辽宁、云南、河南、河北、江西、天津、湖北、安徽、湖南、四川、陕西、重庆、广西等省区已大于门槛值,应当降低税收的征收以此提升当地的高技术产业知识转化能力。

四、结论

本章利用状态空间模型与门槛模型相结合的方法分析了我国高新技术产业创新绩效影响因素的动态变化。这种方法不仅清晰地展示了各省份的 5 个影响因素分别影响其高技术产业创新绩效的动态轨迹,通过比较这种动态轨迹还发现:凡是具有非线性动态波动的省份,其波动轨迹是相似的;进而将这些省份筛选出来构建门槛模型,不仅提高了构建门槛模型的显著性,还能够发现不同的影响因素水平下对创新绩效三方面能力的影响是如何变化的,从而提供一定的决策依据;且门槛模型的结论与状态空间模型的动态轨迹相吻合,因此成为状态空间模型动态轨迹的验证和补充。

第八章 我国国家高新区创新效率的动态研究

具有高技术含量、高附加值和高竞争力的国家高新区已成为各国发展高新技术较为成功的模式。作为技术创新的发源地,我国国家高新区近几年发展迅速,在注重规模发展的同时,也应关注创新效率的问题,如自主创新研发动力不足,研发经费投入不多;如虽研发经费充足,研发人员占比比较高,但创新资源配置不合理,高投入并未能获得高产出。因此本章将重点研究我国国家高新区创新效率的动态变化。

一、文献综述

刘满凤(2012)利用普通 DEA 对我国 56 个高新技术产业开发区 2008 年、2009 年的数据进行分析,以此对高新技术开发区创新效率建立相对有效性评价,进一步利用超效率 DEA 对高新区的创新效率进行综合评价和排序,区分出有效高新区,为非有效高新区提供适合的示范开发区。王峰和冯根福(2013)通过构建严格的双导向、非径向和同权重的能源环境 DEA 窗口分析的数学模型,对我国 28 个省份 10 年间的能源与环境效率在横截面和时间序列上进行比较,分析各省份之间的差异以及随时间的变动情况,揭示其背后隐含的经济规律。陈建丽(2014)等将网络 SBM 模型和 DEA 窗口分析结合起来,在把我国高技术产业 2002—2011 年间的技术创新效率分解为技术研发过程和技术成果转化过程两阶段的基础上,进行行业差异和时间趋势的分析,然后基于面板 Tobit 回归对技术创新效率进行影响因素。

　　Malmquist 指数最初由瑞典数学家 MALMQUIST(1953)提出,CAVES 等(1982)首先将这一指数应用于生产效率变化的测算,而 Malmquist 指数与数据包络分析法(DEA)的结合体现在 FARE 等(1994)的文中,使得 Malmquist 指数被广泛应用,并拓展到金融、工业、医疗等多个领域进行生产效率的测算。杨清可等(2014)通过 DEA-Malmquist 指数法,在全要素生产效率框架下分析 1996—2010 年间我国高技术产业技术效率的时序变化和空间分布特征。周姣和赵敏(2015)分长三角和珠三角两个区域,通过 DEA-Malmquist 指数对高技术产业 2003—2012 年的效率进行动态变化研究。高帆(2015)通过 DEA-Malmquist 指数分析我国 31 个省 1992—2012 年农业全要素生产率的变化趋势,在此基础上计算 σ 值判断我国农业在研究期间的 TFP 并不收敛并进一步利用回归探究其背后的原因。

二、我国国家高新区创新效率的变化趋势研究

(一)指标选取及数据说明

　　为进行数据包络分析,需要选取投入和产出两方面的指标。本章要测算的是创新效率,因此产出指标选取了与创新有关的技术收入和产品销售收入两个指标。研发投入指标主要选取科研经费和人力资本两方面的投入,为了保持面板数据的一致性,科研经费的投入选取了科技活动经费内部支出和地方政府资金支持。由于无法获取当地政府对该地国家高新区资金支持的数据,因此,这里使用了地方政府一般财政预算中的科技支出,因为地方政府财政支出中的科技支出主要用在该地区高技术产业上,而各地高新区是高技术产业的主要聚集地,因此选取该指标用来说明当地政府资金支持国家高新区的力度,该指标数据来源于《中国城市统计年鉴》。人力资本投入选取了科技

活动人员和中高级职称人员数,相较于大专以上人员数,中高级职称人员数更能反映高新区从业人员的素质水平,更能代表创新投入方面的能力。

(二)DEA-Malmquist 结果及分析

这里为测定近几年国家高新区创新效率的动态变化,采用了 DEA 模型和 Malmquist 指数法相结合的 DEA-Malmquist 方法。在规模报酬可变的假定下,以投入为导向,对我国 53 个国家高新区 2007—2013 年间投入和产出的数据进行测算得到创新效率指数,见表 8-1。

其中,全要素生产率变化(TFP)大于 1 表明相应效率较上年有所增长,小于 1 则说明相应效率较上一年下降了。全要素生产率变化又可分解为技术效率变化(effch)和技术进步变化(tech)。技术效率的变化表示国家高新区在 t 期至 $t+1$ 期的技术效率变动程度,反映了国家高新区管理水平的变化。其中技术效率的变化又可分解为纯技术效率的变化和规模效率的变化,纯技术效率变动是剔除规模效应后完全由国家高新区管理水平变动带来的变动,规模效率变动则是国家高新区自身投入规模的改变对其效率的影响。技术进步变化表明技术进步或创新的程度。

表 8-1 是从整体上看,2007—2013 年我国国家高新区创新效率的变化情况。

表 8-1　DEA-M 指数及其分解(时间)

年份	effch	Tech	pech	sech	TFP(M 指数)
2007—2008	0.861	1.934	0.872	0.988	1.665
2008—2009	1.277	1.038	1.253	1.019	1.326
2009—2010	0.746	1.55	0.756	0.987	1.156
2010—2011	0.632	1.786	0.638	0.99	1.13
2011—2012	3.361	0.308	3.343	1.005	1.035
2012—2013	1.142	0.845	1.15	0.993	0.965
平均值	1.122	1.063	1.125	0.997	1.193

从表 8-1 中可以看出,2007—2008 年技术效率变化(effch)为 0.861,小于 1,意味着 2008 年的技术效率相较于 2007 年的技术效率有所下降。从时间序列来看,2007—2013 年我国 53 个国家高新区 TFP 增长率呈逐年递减的变化趋势,其中 2007—2012 年 TFP 均为正增长,2013 年呈现出负增长。M 指数平均值为 1.193,也就是说,2007—2013 年我国 53 个国家高新区的创新效率平均增长了 0.193 个百分点,创新效率水平整体来说呈上升趋势。出现这种趋势的原因是我国政府加大对国家高新区的资金支持,出台的一系列政策对于加强我国自主研发能力、提高国家高新区创新效率有显著效果。

从 M 指数的分解结果来看,各国家高新区在考察期间规模效率基本在 1 附近徘徊,表明规模因素对全要素生产率的变化影响不大。2011 年以前技术变化(Tech)值较高,是带动 M 指数增长的主要因素。而技术效率变化(effch)值偏低,进一步分解技术效率变化值,可以发现纯技术效率(pech)抑制了技术效率的增长。这表明,我国国家高新区虽然增加了创新投入,但由于管理不当、资源配置不合理,使得研发投入没能发挥到最优的生产边界,技术效率增长不足。同时,2008 年爆发的全球金融危机对我国各行各业产生了不同的影响,导致之后几年我国国家高新区的创新效率进步不大。2011 年以后,纯技术效率(pech)值大于 1,但由于技术变化(tech)偏低,遏制了纯技术效率对创新效率的正向作用。

表 8-2 是关于各国家高新区 DEA-M 指数分解的具体结果。

表 8-2　DEA-M 指数及其分解(地区)

地区	effch	tech	pech	sech	TFP(M 指数)
北京	1.041	1.174	1.041	1	1.222
天津	1.024	1.131	1.024	1	1.159
石家庄	1.083	1.142	1.083	1	1.237
保定	0.982	1.01	0.982	1	0.992
太原	1.248	1.017	1.248	1	1.269
包头	1.298	0.966	1.298	1	1.254
沈阳	1.162	1.111	1.162	1	1.291

续表

地区	effch	tech	pech	sech	TFP（M 指数）
大连	1.143	1.125	1.143	1	1.286
鞍山	1.14	1.015	1.14	1	1.157
长春	1.177	0.967	1.177	1	1.138
哈尔滨	1.146	1.013	1.146	1	1.161
大庆	1.169	1.024	1.169	1	1.196
上海	1.142	1.065	1.142	1	1.216
南京	1.268	0.994	1.268	1	1.261
常州	1.31	0.999	1.31	1	1.308
无锡	1.239	1.026	1.239	1	1.272
苏州	1.216	1.027	1.216	1	1.249
杭州	1.061	1.173	1.061	1	1.245
宁波	1.168	1.06	1.168	1	1.239
合肥	1.01	1.059	1.01	1	1.07
福州	1.221	0.962	1.221	1	1.174
厦门	1.194	0.946	1.194	1	1.13
南昌	1.199	1.039	1.199	1	1.246
济南	1.044	1.144	1.044	1	1.195
青岛	1.279	0.941	1.279	1	1.204
淄博	1.219	1.016	1.219	1	1.238
潍坊	1.171	1.013	1.171	1	1.186
威海	1.359	1.127	1.359	1	1.531
郑州	1.035	1.09	1.035	1	1.128
洛阳	1.095	1.108	1.095	1	1.212
武汉	0.975	1.082	0.975	1	1.055
襄樊	1.081	1.079	1.081	1	1.166
长沙	1.129	0.997	1.129	1	1.126
株洲	1.153	1.024	1.153	1	1.181

续表

地区	effch	tech	pech	sech	TFP(M 指数)
广州	1.042	1.116	1.042	1	1.163
深圳	1.12	1.064	1.12	1	1.192
珠海	1.188	0.981	1.188	1	1.166
惠州	1.018	1.194	1.018	1	1.216
中山	1.027	1.31	1.027	1	1.346
佛山	1.093	0.936	1.093	1	1.023
南宁	1.052	1.04	1.052	1	1.094
桂林	1.144	1.027	1.144	1	1.175
海南	1	1.247	1	1	1.247
成都	1.021	1.138	1.021	1	1.162
重庆	1.065	1.227	1.065	1	1.306
绵阳	0.885	1.264	1	0.885	1.118
贵阳	1.018	1.062	1.047	0.972	1.082
昆明	1.15	0.979	1.15	1	1.127
西安	1.054	1.119	1.069	0.986	1.18
宝鸡	1.209	1.039	1.481	0.817	1.257
杨凌	1	1.188	1	1	1.188
兰州	0.99	0.988	0.929	1.065	0.978
乌鲁木齐	1.158	1.059	1	1.158	1.227
平均值	1.122	1.063	1.125	0.997	1.193

从表 8-2 分地区来看,2007—2013 年我国高新区 TFP 各不相同,在所选的 53 个国家高新区中,除保定、兰州外,TFP 均呈增长趋势。平均来看,M 指数为 1.193,表明我国国家高新区创新能力总体有所提升。其中,威海全要素生产率达到 1.531,远远高于其他地区,说明该地区科技发达,在研究期间内创新能力增长迅速。从 M 指数的分解结果看来,除保定、武汉、绵阳和兰州外,其他国家高新区的技术效率变化(effch)都大于 1,大多数国家高新区的技术变化(tech)也大于 1,对推动创新效率进步起着积极作用。而从对技术效率的

分解结果来看,规模效率变化(sech)值都小于等于1,没有促进创新效率的进步,甚至有些地区的规模效率抑制了创新效率的增长。对于这种结果,各国家高新区应该加大创新投入,增加产业规模,同时要做好管理工作,优化资源配置,减少投入冗余,提高创新效率。综合看来,表中各国家高新区的效率主要在2009年及2012年发生明显变化,其中的原因可能是2008年全球金融危机对我国经济形势影响颇大,而对国家高新区的影响很小,国家高新区的创新效率在2009年有较大提升。2011年作为"十二五"的开局之年,一系列政策及经济转型在一定程度上影响了国家高新区的创新发展。

这里仅列示TFP指数排名第一的威海、排名最后的兰州以及经济规模最大的北京中关村的创新效率变化态势,来说明我国国家高新区创新效率的动态变化,见图8-1、图8-2、图8-3。

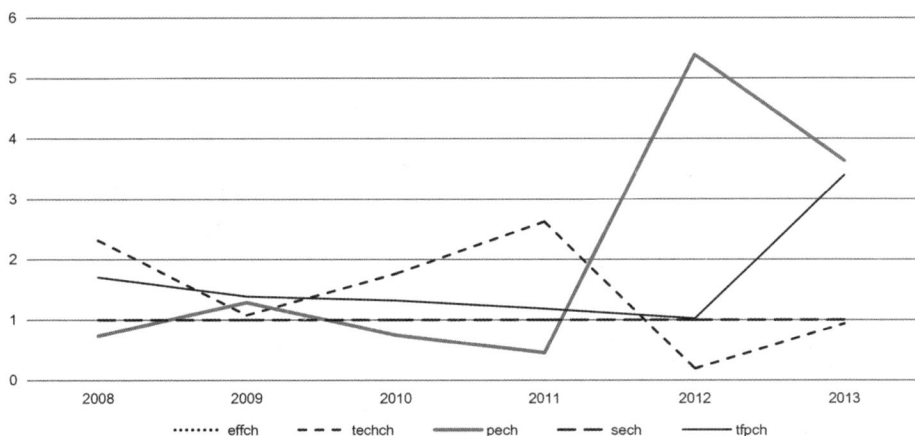

图 8-1 威海国家高新区效率 2008—2013 年的变化

图8-1为威海国家高新区2008—2013年效率的变化趋势。该国家高新区的规模效率一直维持在1的水平,说明其发展较为成熟,规模效应稳定。技术效率(effch)和纯技术效率(pech)变化走势完全重合。2008年金融危机对该国家高新区2009年的技术效率(effch)影响不大。但横向与其他国家高新区相比,其技术水平下降较多,直至2011年才有大幅提升。总体而言,技术变化与技术效率变化方向相反,二者交替主导TFP的变化。

图8-2为北京中关村2008—2013年效率的变化趋势。作为我国第一大

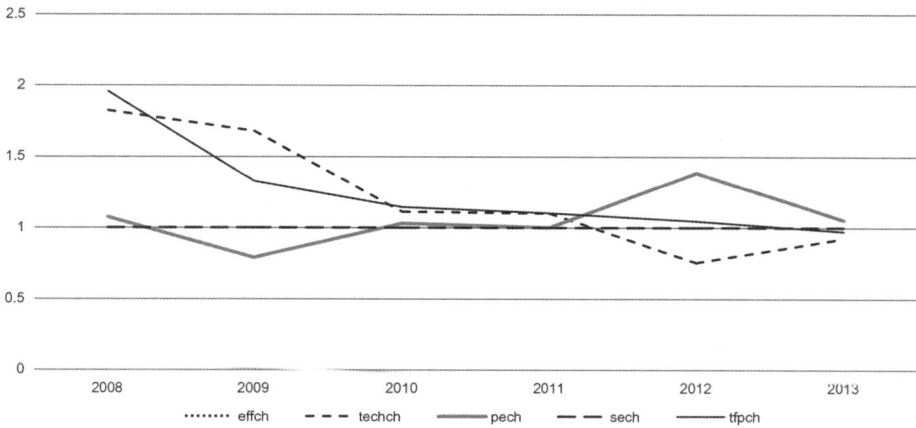

图 8-2　北京中关村效率 2008—2013 年的变化

高新技术园区,中关村的规模效率维持在 1 的水平,且技术效率变化和技术变化交替变化。技术效率(effch)在 2009 年降低较多,之后在政府和多方机构的经济政策刺激下呈现出稳中有进、稳中向好的态势。但自 2011 年有所下降,其中可能与该国家高新区的发展背景有关,2011 年北京中关村经济快速增长,在量增的同时,质没有同步跟进,故而效率低下。此后,转型工作逐步推进,高端行业发展起来,促进了效率的进步。

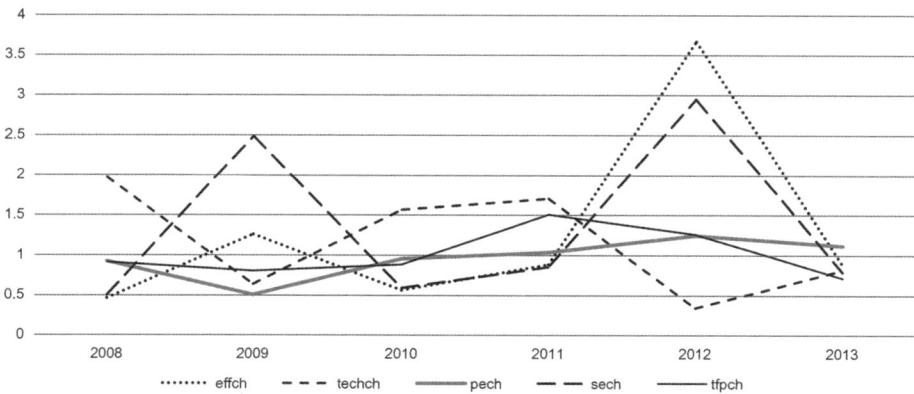

图 8-3　兰州国家高新区效率 2008—2013 年的变化

图 8-3 是兰州国家高新区 2008—2013 年的效率变化趋势。可以看出,与

北京中关村的效率动态趋势有很大不同。兰州国家高新区相对来说规模较小,发展处于起步阶段,投资规模有限,因而规模效率的变化较大。2009 年兰州国家高新区自身的技术效率(effch)有所提升,但其技术进步比较微弱,因此 2009 年兰州国家高新区 TFP 不升反降,2010 年兰州国家高新区效率呈现快速增长向稳定增长转变的态势。总体看来,技术效率变化主导了 TFP 的变化。

(三)收敛性分析

从 DEA-Malmquist 结果可以看出,我国国家高新区 TFP 随时间波动较大,各国家高新区之间差距悬殊。为探究这种差距是否会随时间推移而缩小,本章将对 TFP 增长进行收敛性分析。常见的收敛分析主要有 σ 收敛、β 绝对收敛和 β 条件收敛。本章主要采用前两种收敛。

σ 收敛指不同地区间创新效率水平的离差随时间的推移趋于下降,通常以研究对象的标准差来衡量。计算公式如下:

$$\sigma_t = \sqrt{\sum\nolimits_{i=1}^{n} (\ln MI_{i,t} - \overline{\ln MI_{i,t}})^2 / n} \qquad (8\text{-}1)$$

上式中 n 为国家高新区的个数。图 8-4 为 2008—2013 年收敛趋势图。

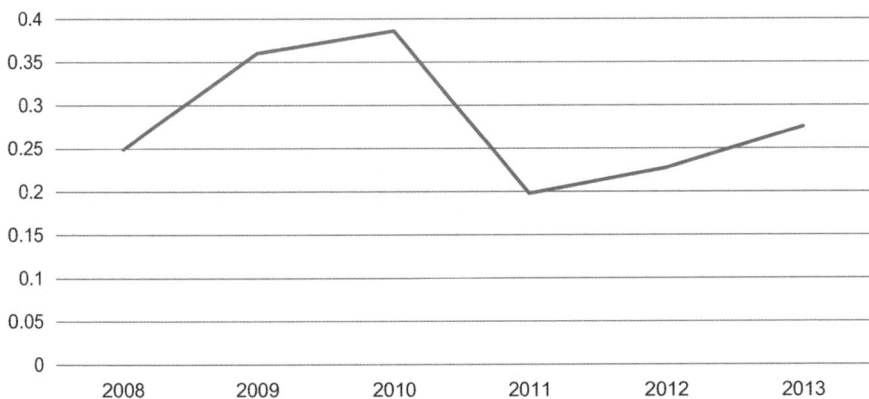

图 8-4 σ 趋势图

图 8-4 描述了 2008—2013 年间我国 53 个国家高新区 Malmquist 指数的变化趋势。总体看来,我国国家高新区间的创新效率差异呈现出扩大或缩小的趋势,其中 2010—2011 年间差异有一定程度的下降,之后又存在发散趋势。结合 DEA-M 结果来看,2011 年保定、兰州等国家高新区 TFP 较之其他国家高新区变化较大。保定处于北京与石家庄的夹缝之间,"虹吸效应"导致保定发展步伐缓慢。但在力推京、津、冀协同发展的背景下,保定的可塑空间相对较大,发展优势明显。兰州国家高新区则被定位为建设西北地区的重要经济增长极、国家重要的产业基地、向西开放的重要战略平台以及承接产业转移示范区。这些综合因素致使 2011 年各国家高新区之间的效率差异降低。

由于能获得的样本时间跨度太短,整体收敛情况不太明确。因此,下面通过绝对 β 收敛进行进一步分析。β 收敛指最初创新效率水平较低的国家或地区比最初创新效率水平较高的地区以更快速度增长,随着时间的推移,最终发展水平会趋于一致。绝对 β 收敛不考虑不同国家或地区之间结构上的差异。具体的计算公式如下:

$$[\ln(MI_{iT+1}/MI_{i1})]/T = \alpha + \beta \ln MI_{i1} + \varepsilon_i \qquad (8-2)$$

上式中,MI_{i1}、MI_{iT+1} 分别为各国家高新区期初、期末的全要素生产率,T 即为所选样本的时间跨度,$[\ln(MI_{iT+1}/MI_{i1})]/T$ 指的是从 t 到 $t+T$ 时期国家高新区 i 的全要素生产率的年均增长率,α 为常数项,$\beta = -(1-e^{-\lambda T})/T$ 就是所要考察的收敛系数,λ 为收敛速度。

若 $\beta<0$,则各国家高新区之间的效率存在收敛性,即创新效率比较低的地区其发展速度快于创新能力强的地区,随着时间会追赶上来;否则表现为发散。具体的检验结果见表 8-3。

表 8-3 β 收敛估计结果

变量	系数	标准误	t 统计量	p 值
C	−0.004033	0.014472	−0.278695	0.7816
β	−0.170275	0.025543	−6.666114	0.0000

从表 8-3 可以看到,$\beta<0$,且通过了置信水平 1% 的显著性检验,也就是说我国 53 个国家高新区全要素生产率的绝对收敛是显著的。这就意味着,已经

发展成熟的国家高新区如北京中关村、深圳、西安等进步空间有限,落后的国家高新区如兰州、乌鲁木齐等地不受拘束,通过借鉴学习以及政策支持,发展较成熟的国家高新区快,随时间会逐渐追赶上来,与较发达国家高新区之间的效率差异会越来越小。

尽管分析表明各国家高新区间存在 β 绝对收敛,但这只是 σ 收敛的必要条件,而不是充分条件,在经济的发展过程中,不断会有新的随机因素冲击经济体。因而更准确的结论需要扩大样本的时间维度,由于条件所限,这里没办法给出更确定的结果。

<table>
<tr><td>第九章</td></tr>
</table>

国家级经开区经济运行的动态评价

　　我国国家级经开区从整体来看,发展迅猛,已成为我国经济格局中举足轻重的一个增长极。面对经济全球化,国内经济新常态,我国国家级经开区的发展面临不同程度的发展机遇和挑战。但从个体来看,各国家级经开区发展水平差异较大、发展极不平衡。因此,本章主要是利用主成分分析和动态时间规整相结合的面板数据聚类方法,对国家级经开区的经济发展水平轨迹的相似性进行研究。通过对这些国家级经开区进行科学分类,以使得各国家级经开区认识自身发展的优势及局限性,重新定位,提高发展质量。

一、以往的面板数据聚类方法存在的问题

　　考察以往的文献,在面板数据的聚类方法上,仍存在以下几个有待研究解决的问题:

　　第一,如何确定面板数据中反映个体之间发展的动态水平差异以及时序波动差异的具体指标形式?郑兵云(2008)提出的方法抹杀了个体的动态发展趋势。而任娟(2012)采用的是增量变化率,李因果(2013)采用的是变异系数。这两个指标哪个更能够反映面板数据时间动态变化还有待进一步验证。另外,王德青(2014)基于主成分的面板数据聚类方法,只考虑了绝对距离和增长速度距离,没有考虑个体之间多年综合得分时间序列的波动差异,不能够全面反映面板数据的动态特征。由于王德青(2014)和李因果(2013)两篇文献研究

思路较为相似,且与本章的研究方法有一定关系,这里将这两种聚类方法归纳到一张表中,见表 9-1。

第二,如何对反映个体之间不同方面差异的距离给予科学赋权?王德青(2014)、李因果(2013)和任娟(2012)的方法中都是将反映个体之间不同方面差异的几个距离加权求得综合距离,而后利用系统聚类法进行聚类。这其中就涉及赋权的问题,赋权的方法不一样,聚类的结果就会不一样,因此最好能够在面板数据聚类中避免赋权问题。

表 9-1 关于面板数据聚类的方法对比

步骤	王德青(2014)	李因果(2013)
个体 i 和 j 的绝对距离	$F_i(t)$ 为样本 i 时刻 t 截面的主成分综合得分, $F_i(t) = \alpha_1(t)F_{i1}(1) + \alpha_2(t)F_{i2}(t)$ $+ \cdots + \alpha_m(t)F_{im}(t)$ (9-1) $d_{ij}(\text{AQD}) = \left\{ \sum_{t=1}^{T} \left[F_i(t) - F_j(t) \right]^q \right\}^{\frac{1}{q}}$ (9-2)	$d_{ij}(\text{AQD}) = \left\{ \sum_{k=1}^{m} \sum_{t=1}^{T} \left[x_{ik}(t) - x_{jk}(t) \right]^2 \right\}^{\frac{1}{2}}$ (9-6)
个体 i 和 j 的增长速度距离	$d_{ij}(\text{ISD}) = \left\{ \sum_{t=1}^{T} \left[\frac{\Delta F_i(t)}{F_i(t-1)} - \frac{\Delta F_j(t)}{F_j(t-1)} \right]^q \right\}^{\frac{1}{q}}$ (9-3)	$d_{ij}(\text{ISD}) = \left\{ \sum_{k=1}^{m} \sum_{t=2}^{T} \left[\frac{\Delta x_{ik}(t)}{x_{ik}(t-1)} - \frac{\Delta x_{jk}(t)}{x_{jk}(t-1)} \right]^2 \right\}^{\frac{1}{2}}$ (9-7)
个体 i 和 j 的时序波动		$d_{ij}(\text{VCD}) = \left[\sum_{k=1}^{m} \left(\frac{\overline{x}_{ik}}{S_{ik}} - \frac{\overline{x}_{jk}}{S_{jk}} \right)^2 \right]^{\frac{1}{2}}$ (9-8) 其中,$\overline{x}_{ik} = \frac{1}{T}\sum_{t=1}^{T} x_{ikt}$,$S_{ik} = \frac{1}{T}\sum_{t=1}^{T}(x_{ikt} - \overline{x}_{ik})$
个体 i 和 j 的综合距离	$d_{ij}(\text{CD}) = w_1 d_{ij}(\text{AQD}) + w_2(\text{ISD})$ (9-4)	$d_{ij}(\text{CD}) = w_1 zd_{ij}(\text{AQD}) + w_2 zd_{ij}(\text{ISD})$ $+ w_3 zd_{ij}(\text{VCD})$ (9-9) 其中 $zd_{ij}(\cdot)$ 是式(6)~(8)中各距离极差标准化后的值
综合距离中的权重	$\frac{w_1}{\text{Var}[F_i(\cdot)]} = \frac{w_2}{\text{Var}\left[\frac{\Delta F_i(\cdot)}{F_i(\cdot)}\right]}$ (9-5)	专家调查法、AHP、模糊判别、方差贡献或熵权系数等确定 w_1、w_2、w_3,且 $w_1 + w_2 + w_3 = 1$。

注:式(1)的主要作用是将 p 维面板数据压缩为单指标面板数据。$\alpha_k(t) = \lambda_k(t) / \sum_{l=1}^{m} \lambda_l(t)$ 为 $F_{ik}(t)$ 的方差贡献率,$m(\leqslant p)$ 为每个时间截面按累计方差贡献率大于给定阈值(比如 85%)截取的主成分个数。式(5)中 $\text{Var}[F_i(\cdot)] = \frac{1}{T}\sum_{t=1}^{T} \text{Var}[F_i(t)]$,$\text{Var}\left[\frac{\Delta F_i(\cdot)}{F_i(\cdot)}\right] = \frac{1}{T-1}\sum_{t=2}^{T} \text{Var}\left[\frac{\Delta F_i(t)}{F_i(t-1)}\right]$,$w_1 + w_2 = 1$

第三,面板数据中利用欧氏距离测度相似性无法真正反映时间序列趋势的相似性。包括王德青(2014)、李因果(2013)和任娟(2012)在内的大部分面板数据聚类方法在计算相似性时都是基于欧氏距离的。而欧氏距离用于面板数据聚类的最大缺陷就在于难以处理对应数据间沿时间轴方向的伸缩、弯曲和线性飘移等问题,无法真正反映样本间时间序列趋势的相似性。

第四,利用主成分分析进行面板数据聚类时,主成分个数的合理选取问题。王德青(2014)在计算个体之间综合距离的过程中,赋权是根据"拉开档次法"即基于绝对距离和增长速度距离的方差进行的,虽然较主观赋权的方法增加了稳定性,但由于绝对距离和增长速度距离的计算是以主成分分析中每个样本在时刻 t 的综合得分为基础的,当主成分的个数发生变化时,不难发现其绝对距离和增长速度距离的取值也会发生变化,从而导致综合距离的计算中两个权重系数也会发生较大变化。因而这种方法的稳定性也有待研究和考量。

二、基于动态时间规整的面板数据聚类方法

一种有效的面板数据聚类方法至少应该能够反映如下三方面信息:个体之间相应指标的绝对值差异、个体之间相应指标发展的动态水平差异以及个体之间相应指标时间序列的协调性(即相应指标的时序波动差异)。只有全面反映个体之间的上述信息,并基于此来度量个体间相似性的聚类方法才是有效的面板数据聚类方法。

针对上述存在的问题,本章提出一种基于动态时间规整与主成分分析结合的面板数据聚类方法。

正如前面章节所介绍的,动态时间规整主要是通过对时间轴进行弯曲,从而对时间序列形态进行更好的匹配。可以找出在时间段上不同但在形态上相似的序列。假设有两条时间序列, $P=(p_1, p_2, \cdots, p_m)$ 和 $Q=(q_1, q_2, \ldots, q_n)$,寻找他们之间的最优弯曲路径,即用最小累计距离作为时间序列的距离。把

长度为 m 和 n 的时间序列 P 和 Q，按照时间轴的顺序分别进行排序，构建一个 $m \times n$ 的矩阵，矩阵中的元素值 (p_i, q_j) 则由 $d(p_i, q_j)$ 表示，DTW 距离就是在矩阵里从 (p_1, q_1) 点开始，可以经过很多条路径 W 到达到点 (p_m, q_n)，选择其中代价最小即累计距离和最小的路径作为两个时间序列 P 和 Q 间的距离。路径的选择应该满足以下两个条件：第一，每条路径必须从矩阵的 (p_1, q_1) 点开始，结束于 (p_m, q_n) 点；第二，选择的路径需要满足单调性和连续性，路径的选择只能是经过相邻的点，并且要保证在时间上是单调递增的。

基于动态时间规整的面板数据聚类方法的具体思路如下：第一，分别对所有时间点进行主成分分析，而后计算每个样本在每个时间点的综合得分，从而得到每个样本的综合得分时间序列。其中的主成分分析中，不再按照累积贡献率 85% 来确定主成分个数，而是取全部主成分。第二，利用动态时间规整方法来测度样本之间综合得分时间序列的相似性，从而形成样本间的初始距离阵。第三，利用系统聚类法中的 Ward 法进行聚类。这里需要说明的是：由于在该方法中，主要是借用主成分分析得到各样品的综合得分，再通过综合得分时间序列进行聚类，以反映各样品间的相似性。因此，主成分分析的降维意义和效果可以不予考虑。

这种方法的优点在于：第一，不需要考虑个体之间发展的动态水平差异以及时序波动差异的指标形式，且不需要考虑几个距离之间的赋权问题。第二，即便是变量之间相关性较弱，也不会影响该方法的效果，因为这里只是取全部主成分来计算综合得分。加之，主成分分析对变量的分布没有特殊要求，且对样本量取多少为宜也没有硬性规定。因此，这种方法具有一定的普遍适用性。第三，由于在主成分分析中选用了全部主成分，没有信息损失，因此其聚类的结果稳定且有效性较高。第四，通过动态时间规整来进行聚类，聚类的可视化效果较好。

三、我国国家级经开区经济运行质量的动态分析

(一)变量说明

本章收集了 2002—2013 年国家级经开区的多项指标数据,其中 2002—2012 年数据来自 2003—2013 年《中国开发区年鉴》,由于 2007 年和 2008 年版的《中国开发区年鉴》中部分指标有缺失,因此这部分数据来源于 2007 年和 2008 年版的《中国商务年鉴》,2013 年数据则来自 2014 年版的《中国商务年鉴》。为了保证数据的一致性,本章选取了 2009 年前已确认的 54 个国家级经开区作为研究对象,另由于拉萨和上海虹桥国家级经开区多年的数据缺失,故将其删去,因此本章的研究对象为 2009 年以前成立的 52 个国家级经开区。选取的指标为:GDP、工业总产值(现价)、工业增加值(现价)、税收收入、出口总额、进口总额及实际利用外资等七个。其中 2003—2013 年版的《中国开发区年鉴》中的进口和出口总额单位为亿美元,而 2014 年版的《中国商务年鉴》中的进口和出口总额单位为亿元人民币,这里,本章对 2013 年各国家级经开区的进口总额和出口总额进行换算,将各年数据单位统一为亿美元,汇率是根据 2013 年 12 月 31 日中国人民银行授权中国外汇交易中心公布的美元兑人民币汇率 6.0969。

(二)基于主成分面板数据聚类中主成分个数的合理选取问题

1.权重的计算

在王德清(2014)的方法中其绝对距离和增长速度距离的计算是以主成分分析中每个样本在时刻 t 的综合得分为基础的,而该文章中主成分个数的确定是按照主成分累积贡献率≥85%为依据的。在这样的依据下,会出现不同

年份的主成分个数不同的情况。当主成分的个数发生变化时其绝对距离和增长速度距离的取值也会发生变化，从而导致综合距离的计算中两个权重系数发生较大变化，并影响聚类的结果。因此，这样的确定方法是否合理，主成分的个数如何选取最为合适？本章将通过实证分析来说明。

首先分析每一年7个指标的数据，可以发现有类似的规律，即12年中这7个指标除了实际利用外资，其他6个指标高度相关，且每一年的相关阵都很类似。本章仅列出2002年7个指标的相关阵，见表9-2。

表9-2   2002年7个指标的相关阵

	GDP	工业总产值	工业增加值	税收收入	出口总额	进口总额	实际利用外资
GDP	1.0000000	0.9501163	0.9711514	0.9162390	0.8934571	0.8968771	0.8261227
工业总产值	0.9501163	1.0000000	0.9834821	0.9339177	0.8911088	0.9149572	0.7763988
工业增加值	0.9711514	0.9834821	1.0000000	0.9463550	0.8854964	0.9018117	0.7676764
税收收入	0.9162390	0.9339177	0.9463550	1.0000000	0.8147704	0.8699986	0.6933589
出口总额	0.8934571	0.8911088	0.8854964	0.8147704	1.0000000	0.9746186	0.7147735
进口总额	0.8968771	0.9149572	0.9018117	0.8699986	0.9746186	1.0000000	0.7286060
实际利用外资	0.8261227	0.7763988	0.7676764	0.6933589	0.7147735	0.7286060	1.0000000

其次，对2002—2013年分别进行主成分分析。12次主成分分析的结果这里不一一列出，这里仅将每一年第一主成分贡献率所占百分比列于表9-3中，以便比较。

表9-3   各年主成分分析第一主成分贡献率

	2002年	2003年	2004年	2005年	2006年	2007年
第一主成分贡献率	0.8901	0.8722	0.8424	0.8470	0.8856	0.8764
	2008年	2009年	2010年	2011年	2012年	2013年
第一主成分贡献率	0.8678	0.8269	0.8117	0.8260	0.8241	0.8027

从表9-3可以看出，2002年、2003年、2006—2008年第一主成分贡献率所占百分比是大于85%的；2004—2005年的百分比小于85%，且从2009年

开始有比较明显的降幅,直至 2013 年仅有 80.27％。因此如果依照"取累积贡献率≥85％的前几个主成分"的规则,并且为了主成分个数统一,所有年份只取第一个,那么后面几年根据主成分得分加权求得的综合得分势必会有较多的信息损失,从而不能完全反映 52 个开发区的时间变动情况。这也将导致聚类结果出现偏误。

那么,到底取几个主成分来计算样本的综合得分更合适呢?本章将每年只取 1 个主成分到取全部主成分后再按照王德青(2014)中的方法进行聚类的结果一一列出,以供分析和判断。其中,所取主成分个数不同时,按照公式(9-5)计算的绝对距离和增长速度距离的权重也会发生较大变化,见表 9-4。

表 9-4 基于主成分个数选取不同,绝对距离和增长速度距离权重的变化

主成分个数	1	2	3	4	5	6	7
W1	0.494	0.757	0.557	0.531	0.684	0.679	0.717
W2	0.506	0.243	0.443	0.469	0.316	0.321	0.283

表 9-4 的数据说明所取主成分的个数不同时,其各开发区的主成分综合得分会发生变化,使得绝对距离和增长速度距离的权重也不尽相同。这必将导致基于公式(9-4)计算的综合距离发生较大变化。不难想象,在此基础上得到的聚类结果也会不尽相同。

2.聚类数目的确定

根据表 9-4 的权重,计算两个样本之间的综合距离,而根据 Ward 系统聚类法进行聚类。在此过程中需要确定聚类的数目,此处,本章是根据碎石图来判断合理的聚类数目。层次聚类法的碎石图主要反映的是随着聚类的类个数的不断减小,其类内差的增大幅度。当类内差的增大幅度有较大变化时,说明聚类个数不宜再减少,此时的聚类数目最为合适。这里将取 1 个主成分到取全部主成分后,按照公式(9.1)~(9.5)进行聚类的碎石图列于图 9-1 中。

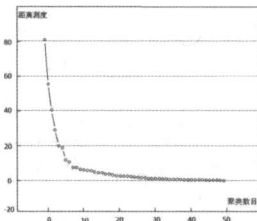
(a)一个主成分的聚类碎石图

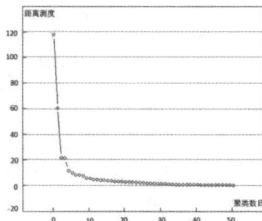
(b)两个主成分的聚类碎石图

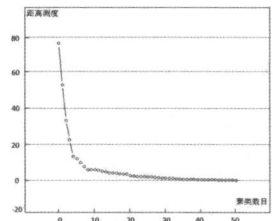
(c)三个主成分的聚类碎石图

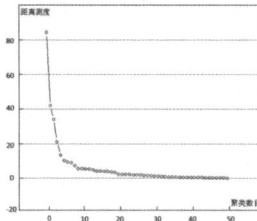
(d)四个主成分的聚类碎石图

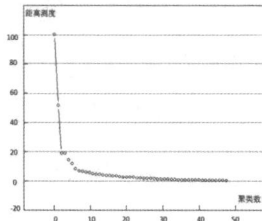
(e)五个主成分的聚类碎石图

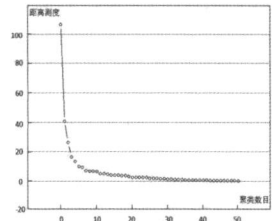
(f)六个主成分的聚类碎石图

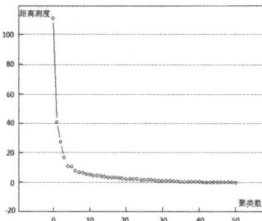
(g)七个主成分的聚类碎石图

图 9-1   不同主成分个数下聚类的层次聚类碎石图

可以看出,取不同主成分个数下,聚类的数目不一样,分别是 7、6、6、6、6、5、5。此时的类内差的标准值分别是 11.9311、11.7196、12.0584、13.3859、11.9537、11.3685、11.3685。

3.聚类成员的确定

由上可知,取不同的主成分个数时,绝对距离和增长速度距离的权重不尽相同,导致综合距离也会发生变化,因此,在此基础上聚类的类成员也全然不同。图 9-6 给出了取不同主成分个数时,具体的分类情况。

(a)取 1 个主成分后聚 7 类的类成员图

(b)取 2 个主成分后聚 6 类的类成员图

(c)取 3 个主成分后聚 6 类的类成员图

聚类的类成员4

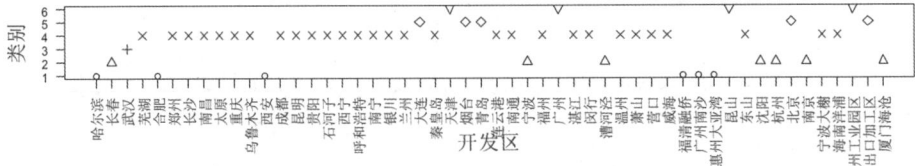

(d)取 4 个主成分后聚 6 类的类成员图

聚类的类成员5

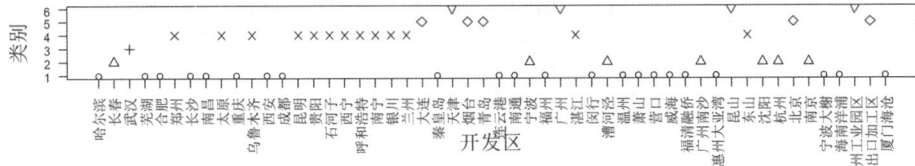

(e)取 5 个主成分后聚 6 类的类成员图

聚类的类成员6

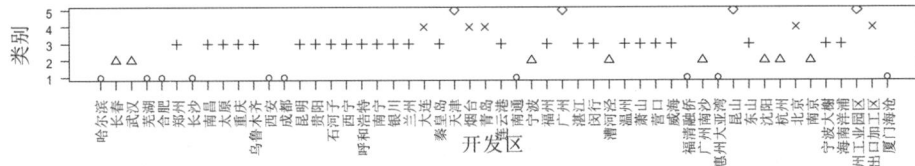

(f)取 6 个主成分后聚 5 类的类成员图

聚类的类成员7

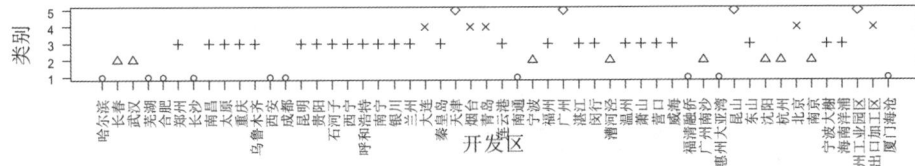

(g)取 7 个主成分后聚 5 类的类成员图

图 9-2　取不同个数主成分下聚类的类成员图

对图 9-2(a)～(g)进行比较发现,取不同主成分个数下,52 个开发区所属类别不尽相同。但当取到 6 个主成分和全部 7 个主成分时,聚类的结果稳定下来,趋于一致,且类内差的标准值也最小。

由此说明在利用公式(9-1)～(9-5)进行面板聚类前,应该取全部主成分计算综合得分,再利用综合得分进行聚类,这样聚类的结果才合理。

4.取不同主成分个数聚类效果的验证

通常验证聚类的效果是基于方差分析的思想,构建 F 统计量来进行的。具体的 F 统计量构建如下:

$$F = \frac{\frac{SSA}{(k-1)}}{\frac{SSE}{(n-k)}} = \frac{MSA}{MSE} \tag{9-11}$$

其中,SSA 为组间离差平方和,SSE 为组内离差平方和。F 统计量值如果大于显著性水平下的临界值则表示类与类之间的差异显著,该值越大说明组间离差平方和越大,类与类之间差异越大,亦说明类成员之间差异越小。这里进行检验时利用的是原始数据,即根据上述 7 种聚类的类别划分,将各国家高新区所有年份的原始数据归类,如:将天津、广州、昆山和苏州工业园区等四个国家高新区的 12 年数据合并作为第一类。其他类同。

检验结果表明在上述 7 种聚类结果的划分下,7 个指标的 P 值均接近于 0,说明上述 7 种划分的结果都是有效的。因此,哪种聚类结果最优,只能通过比较 7 种聚类结果 F 统计量值的大小来说明。F 统计量值最大的,其聚类效果最好。表 9-6 是 7 种聚类结果下各指标的 F 统计量值。

表 9-5　7 种聚类的 F 统计量值

	类别 7/类别 6	类别 5	类别 4	类别 3	类别 2	类别 1
GDP	150.131	117.368	113.479	100.281	107.777	82.738
工业总产值	166.179	129.754	126.362	114.795	122.113	93.9
工业增加值	155.898	121.101	118.078	104.554	112.625	87.352
税收收入	109.987	89.790	87.250	77.350	80.322	62.611
出口总额	215.274	174.656	174.901	170.423	166.806	141.096
进口总额	275.924	225.225	219.801	206.578	205.711	170.984
实际利用外资	110.428	88.256	85.434	83.664	86.267	67.383

从表 9-5 可以发现,在取到 6 个和 7 个主成分时,所有指标的 F 统计量值

最大,这说明这种划分下各指标的差异最显著。进一步,这种划分下的聚类结果见表9-6。

表 9-6　国家级经开区的划分结果

类别	国家级经开区
第一类	天津、广州、昆山和苏州工业园区
第二类	大连、烟台、青岛、北京和金桥出口加工区
第三类	长春、武汉、宁波、漕河泾、广州南沙、沈阳、杭州、南京
第四类	哈尔滨、芜湖、合肥、长沙、西安、成都、南通、福清融侨、惠州大亚湾、厦门海沧
第五类	郑州、太原、乌鲁木齐、昆明、贵阳、石河子、西宁、南宁、银川、兰州、湛江、东山、南昌、重庆、呼和浩特、秦皇岛、连云港、福州、闵行、温州、萧山、营口、威海、宁波大榭、海南洋浦

基于上述分析,可以发现:在利用主成分分析的综合得分进行面板数据聚类时,应该每一年都取全部主成分计算综合得分,而不是根据主成分累计贡献率≥85％的规则来取前几个主成分计算综合得分。特别是在数据集中各变量间相关度不高的情况下,只取累积贡献率≥85％的前几个主成分计算综合得分时,信息损失将更加严重,其聚类效果也将差强人意。

(三)基于动态时间规整的面板数据聚类方法

1.聚类的类数目和类成员的确定

这里首先计算各样本各年份综合得分,利用的是主成分分析中全部主成分。其次,利用 DTW 方法对各样本的时间序列数据进行了相似性测度,得到各样本的初始距离阵;最后,根据系统聚类中的 Ward 方法进行层次聚类。同样,聚类数目的确定需要参照碎石图(见图 9-3)。

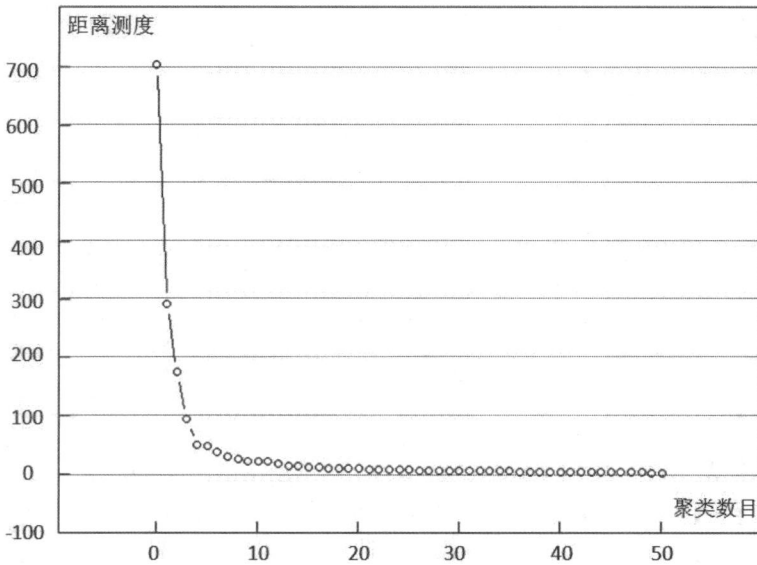

（a）碎石图

聚类的类成员DTW

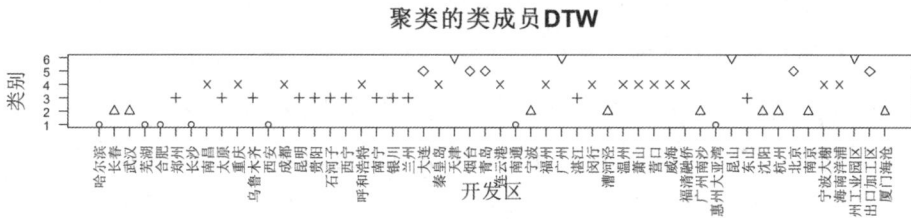

（b）类成员图

图 9-3　DTW 方法的层次聚类碎石图和类成员图

图 9-3（a）是利用动态时间规整方法进行的层次聚类碎石图，可以看出，聚类数目定为 6 类比较合适。图 9-3（b）是基于主成分分析的 DTW 方法聚类的类成员图。将图 9-3（b）的聚类结果与原先图 9-2（g）的聚类结果相比可以看出：第一类和第二类的成员没有变化，第三类除原先的国家高新区外还增加了厦门海沧；第四类中除厦门海沧转到第三类外，福清融侨和成都转到了第五类。另外，将原先第五类中的国家高新区又分成了两部分，南昌、重庆、成都、呼和浩特、秦皇岛、连云港、福州、闵行、温州、萧山、营口、威海、福清融侨、宁波大榭和海南洋浦变为了第五类，其余为第六类。

为比较图 9-3（b）与图 9-2（g）两种分类结果哪个更佳，这里以变动较大的第四类为例进行分析。首先表 9-6 中是利用 DTW 方法计算出的图 9-2(g)聚类结果中第四类成员之间主成分综合得分时间序列的距离阵,见表 9-7。

表 9-7　DTW 方法计算的时间序列的距离

	哈尔滨	芜湖	合肥	长沙	西安
芜湖	5.2215				
合肥	4.2954	5.1168			
长沙	5.9118	1.5858	6.4138		
西安	4.4468	4.4349	3.2545	4.6819	
成都	10.4947	8.0571	9.0618	6.9439	6.1977
福清融侨	9.0317	8.0762	11.7707	8.0014	13.0956
惠州大亚湾	4.6452	4.2947	5.7199	3.5749	3.3893
厦门海沧	8.7567	8.1490	7.3084	9.2537	10.1557

从表 9-7 可以看出,图 9-2(g)聚类结果的第四类中,成都、福清融侨、厦门海沧与其他几个国家高新区的综合得分时间序列的距离都很大,其中,福清融侨和西安的距离最大,为 13.0956。进一步计算发现,福清融侨和第五类中的福州距离最小,为 1.8131。这里分别做出福清融侨和西安、福清融侨和福州这两对时间序列的动态规整图以供分析和比较,见图 9-4。

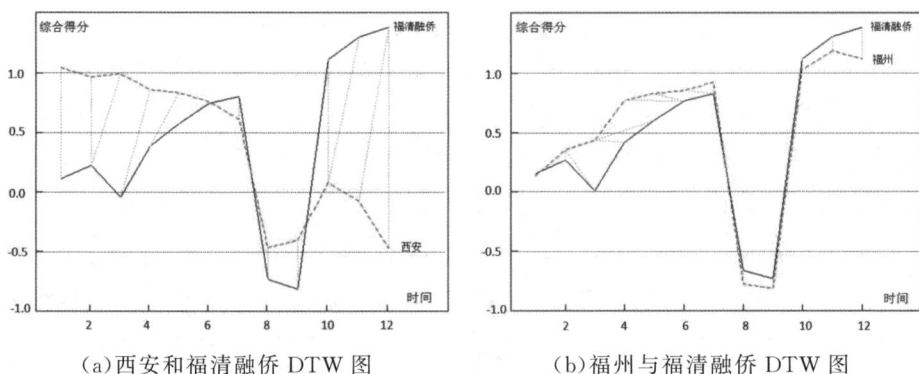

（a）西安和福清融侨 DTW 图　　　　　（b）福州与福清融侨 DTW 图

图 9-4　相关国家级经开区综合得分时间序列及其 DTW 图

可见,从时序波动、增长速度以及绝对值等三方面的相似性来看,福清融

侨不应该与西安在同一类,而应与福州在同一类中。相类似,其他变动的合理
性也可以通过这种方法来验证,这里不再一一列举。

2.各类国家级经开区的动态变化

通过分析,可以看出主成分分析与动态时间规整相结合的面板数据聚类
方法能够更加准确地反映样本之间时序波动的差异和规律。按照图 9-3(b)
的结果,这里将主成分分析与动态时间规整结合的聚类结果列于图 9-4。

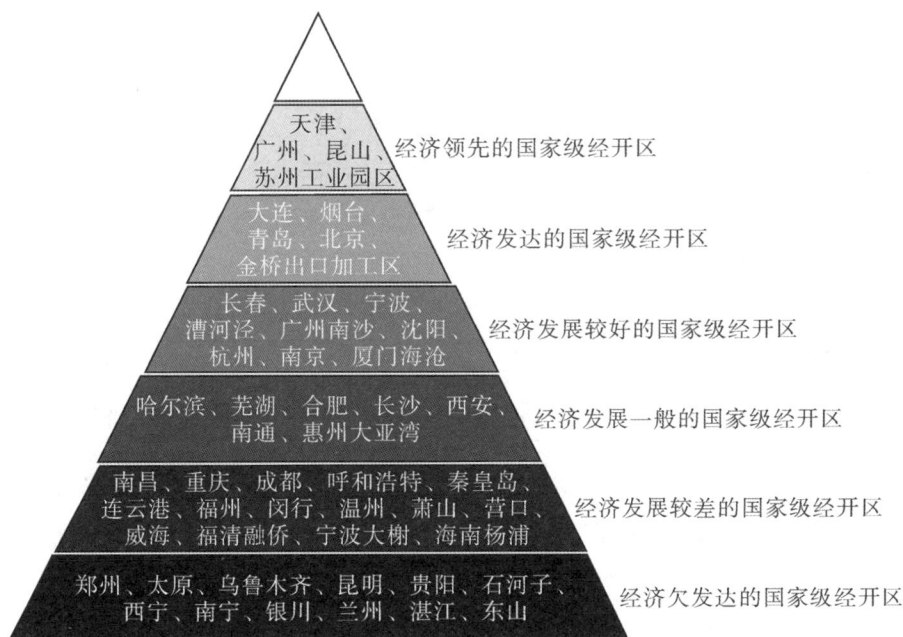

图 9-4　国家级经开区的划分结果

为说明每一类国家级经开区动态变化的规律,这里做出每一类国家级
经开区取全部主成分后得到的综合得分从 2002—2013 年的走势图(见图 9-
5)。

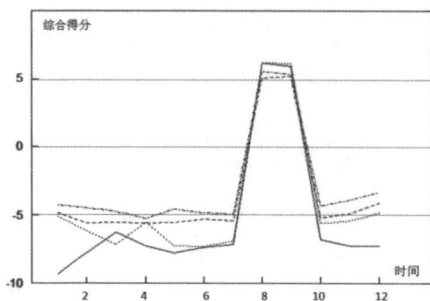

（a）第一类国家级经开区综合得分趋势图

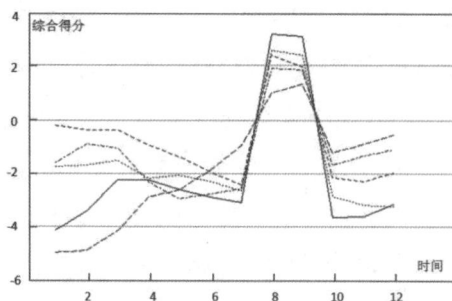

（b）第二类国家级经开区综合得分趋势图

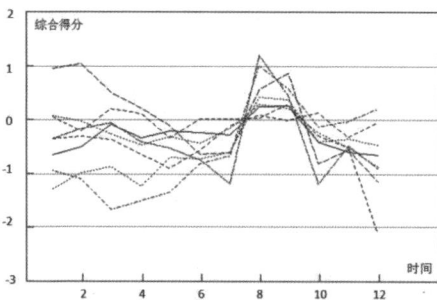

（c）第三类国家级经开区综合得分趋势图

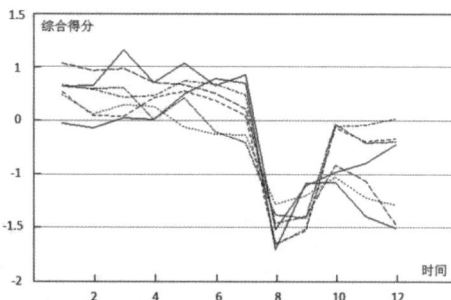

（d）第四类国家级经开区综合得分趋势图

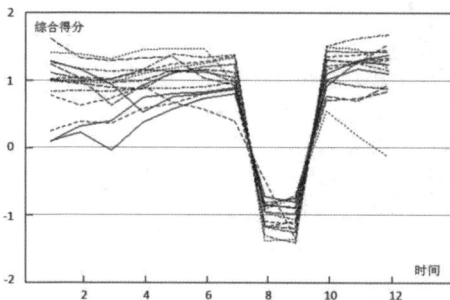

（e）第五类国家级经开区综合得分趋势图

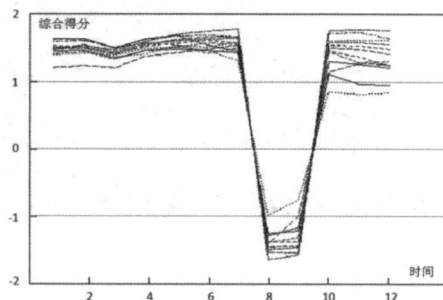

（f）第六类国家级经开区综合得分趋势图

图 9-5　每一类国家级经开区取全部主成分后得到的综合得分走势图（2002—2013 年）

　　仔细观察各年主成分分析中 7 个变量在第一主成分上的载荷，能够发现 2002—2008 年、2011—2013 年这十年的主成分分析都出现了类似的情况：即各变量在第一主成分上的载荷均为负。因此，在这几年中经济发展水平越好的国家级经开区其综合得分越小，如在 2002 年排名第一的天津，其综合得分最小，为 −9.339。而 2009 年和 2010 年两年的主成分分析中各变量在第一主成分上的载荷均为正,因此这两年的综合得分越高说明经济发展越好,如 2009 年排名第一的天津,其综合得分最大,为 6.084。这也是图 9-4 中大部分图的趋势是呈正"几"字形或倒"几"字形的原因。从图 9-4(a)～(f)可以很明显地看出,各类国家级经开区综合得分的走势是十分相似的,这进一步说明了利用 DTW 方法进行面板数据聚类的合理性。

　　3.对各类国家级经开区命名

　　为说明各类国家级经开区经济发展的特征并命名,这里计算了每一类国家级经开区指标均值,见表 9-8。

表 9-8　各类国家级经开区各指标均值

单位:亿美元

类别	GDP	工业总产值	工业增加值	税收收入	出口总额	进口总额	实际利用外资
1	1 036.08	3 117.14	749.28	180.67	196.78	174.91	14.33
2	625.72	1 807.94	413.33	124.38	70.02	72.64	8.49
3	379.30	1 120.77	269.67	66.87	34.60	32.30	4.50
4	285.63	844.71	218.90	45.80	9.81	8.43	3.02
5	155.02	403.03	108.66	27.66	10.15	11.28	1.46
6	86.95	183.74	57.78	11.71	4.18	1.58	0.63

　　从表 9-8 可以发现各类国家级经开区之间指标均值的差异比较明显。且第一类国家级经开区各项指标值均最大,因此将其命名为经济领先国家级经开区;同理,将第二类国家级经开区命名为经济发达的国家级经开区,第三类命名为经济发展较好的国家级经开区,第四类命名为经济发展一般的国家级经开区,第五类命名为经济发展较差的国家级经开区,第六类国家级经开区的各项指标值均最小,因此命名为经济欠发达的国家级经开区。

　　在信息化社会中,面板数据比较常见,面板数据聚类方法的研究还在不断的探索和改进中。本章提出的主成分分析和动态时间规整相结合的面板数据聚类方法,不仅避免了已有文献中计算综合距离时确定各种距离的具体形式以及相应权重具体数值的棘手问题,还能很好地反映面板数据中个体之间的相似性特点。另外,通过实证分析可以看出,这种相结合的方法可视化效果非常好,能够更加感性地了解个体间趋势的异同。

<table>
<tr><td>第十章</td><td>国家级经开区经济数据的质量检测方法研究</td></tr>
</table>

第十章　国家级经开区经济数据的质量检测方法研究

我国国家级经开区发展了三十多年，这些国家级经开区在经济运行的各项统计数据质量又如何呢？本章将通过一种统计数据质量探测的方法来说明。该方法是将 Benford 法则与寻找异常点的方法相结合，从而达到在多指标面板数据中进行数据质量检测的目的。其中，Benford 法则作为一种重要的数据质量检测方法被广泛运用。

一、以往的数据探测方法存在的问题

结合以往的研究发现，在多指标面板数据质量检测方面，仍存在以下几个问题：

第一，"合并法"的 Benford 法则虽然能够在样本量比较小的面板数据中很好地检查出有数据质量问题的指标，但在提供异常样本点的问题上却存在不足。因为传统 Benford 法则寻找异常样本的依据是比较实际数据首位数的频率与 Benford 法则首位数频率的差异，凡是指标值包含这种差异最大的首位数的样本点均被选入该候选池，没有包含此首位数的样本则均属于正常。而"合并法"是将多时间点的数据合并后使用 Benford 法则，此时若按照上述规则确定异常值就存在将多个时间点的情况"一刀切"的问题。

第二，以往常用的寻找异常点的方法，找出的均是就全部指标而言异常的样本点,而无法说明哪个指标有数据质量问题及发生的具体时间段。如基于局部异常点因子的方法、基于聚类的方法、基于多指标箱线图的方法、基于时间序列模型的方法等均存在此类问题。

第三,以往 Benford 法则与面板模型结合的方法在应用上存在局限性。该方法存在一个前提假定,即样本在所有时间点上的情况是一致的。如在变系数面板模型中,用一个系数来说明样本在多个时间点下自变量与因变量的关系。但现实情况下,有时自变量与因变量的关系常会根据宏观环境与政策变化而发生改变,导致在每个时间点上二者的关系不尽相同。

第四,直接利用计量模型进行数据检测主要针对的是事先指定指标的检测并据此确定在该指标上的异常样本点。如若面对多指标面板数据且事先未知哪个指标有质量问题时,就存在无法构建计量模型的问题。因此,筛选出有数据质量问题的指标是构建计量模型进行数据检测的前提。

第五,不论是 Benford 法则与计量模型结合,还是直接利用计量模型的残差分析来寻找异常样本点,模型拟合程度越高,异常样本点寻找就越精确。但如若将计量模型的形式提前设定好,且无法判断该模型的拟合程度是否最优,则势必会影响数据质量检测的效果。

二、提出 Benford 法则与逐步回归模型结合的面板数据质量检测方法

在经济领域中,数据通常是以多指标面板数据形式出现的。多指标面板数据的结构具有三个维度:指标维度、时间维度、样本维度(林秀梅等,2016)。一般情况下,多指标面板数据中不会全部指标都有质量问题,往往是个别敏感的、涉及利益关系的指标出现质量问题;有质量问题的指标也不会在全部的时间段都有问题,而是会随着政策的调整在某个时间段出现质量问题;同时,引起该指标出现质量问题的样本点通常是个别的而不是全部的。由此,在多指标面板数据的质量检查中,我们更想了解的是哪些指标在哪个时间段出了问题,并且是由哪些样本点引起的。

　　针对上述存在的问题,本章提出将 Benford 法则与逐步回归模型相结合对多指标面板数据质量进行检测的方法。

　　Benford 法则是指在大量自然数据中,各个位置上数字的概率分布存在一种对数规律,并且是一种单调下降的趋势(Judge,Schechter,2007)。其中,首位数字 d^1 是指左边的第一位非零的有效数字,其他位置的数字类推。Benford 法则中首位数分别出现 1～9 的概率如表 10-1 所示。

表 10-1　Benford 法则中首位数的概率分布

首位数	1	2	3	4	5
概率	0.301030	0.176091	0.124939	0.096910	0.079181
首位数	6	7	8	9	
概率	0.066947	0.057992	0.051153	0.045758	

　　根据 Benford 法则,高质量的数据各个位置上数字的出现应该遵循上述概率,并且数据规模越大,数据的这种概率分布就越应该符合 Benford 法则。如果存在弄虚作假或者拼凑、修饰数据的行为,这种规律有可能被破坏。统计数据中首位数的分布是否与 Benford 法则的分布有显著差异可以通过 χ^2 拟合优度检验和修正 K-S 拟合优度检验(Giles,2007)来进行检测(见表 10-2)。

表 10-2　二种拟合优度检验方法

方法	公式	说明
χ^2 拟合优度检验	$\chi^2 = N \cdot \sum_{i=1}^{9} \left[\dfrac{(e_i - b_i)^2}{b_i} \right]$	e_i 是统计数据中首位(第二位或者第三位)出现数字 i 的实际频率,b_i 是 Benford 法则下出现数字 i 的理论频率。
修正 K-S 拟合优度检验	$V_N^* = V_N(N^{\frac{1}{2}} + 0.155 + 0.24N^{-\frac{1}{2}})$ $V_N = \max[F_e(x) - F_b(x)] + \max[F_b(x) - F_e(x)]$	$F_e(x)$ 是实际的统计数据中首位数的累积分布函数,$F_b(x)$ 是理论分布即 Benford 法则下首位数的累积分布函数

　　注:显著性水平分别为 10%、5% 和 1% 时,χ^2 临界值分别是 13.36、15.51 和 20.09。V_N^* 临界值分别是 1.19、1.32 和 1.58。

　　在检验中,如果 χ^2 统计量以及 V_N^* 统计量的值大于临界值,表明统计数据首位数字的频率分布与 Benford 法则的分布有显著的差异,即说明该数据可能存在质量问题。

Benford 法则与逐步回归模型结合的多指标面板数据质量检测方法的具体思路如下：

第一，利用"合并法"和"剔除法"的 Benford 法则对样本规模较小的面板数据进行指标筛选，找出有质量问题的指标及出现质量问题的具体时间段。区别于以往研究中在 Benford 法则提供的异常样本候选池中探寻更加精确异常样本点的做法，我们认为应放弃 Benford 法则提供的异常样本候选池，而只是利用 Benford 法则的"合并法"和"剔除法"来筛选有问题的指标及出现问题的时间段。

第二，在每个时间段中，以有问题的指标为因变量，以其他无质量问题的指标为自变量，通过逐步回归法构建计量模型。与以往研究中构建面板模型的方式不同，这里应在不预设模型形式的情况下分时间点构建多个截面的计量模型。同时，在模型构建过程中将提高模型的拟合程度置于优先考虑。这样处理的结果是：每个时间点可以有不同的模型形式，既可以是线性的，也可以是非线性的；既可以有自变量的一次项、二次项、三次项及交互项，也可以包含个别不显著的自变量。

第三，基于模型的各类残差分析来寻找在每个时间段的该指标上异常的样本点。通常的残差分析寻找样本点的方法不适用于本身数值很大、对模型影响严重的样本点。本章将结合杠杆值的计算，通过残差与杠杆图来确定哪些是异常样本点。

三、国家级经开区经济运行指标数据质量的检测

鉴于目前各类年鉴中国家级经开区的主要经济指标只有各国家级经开区的地区生产总值（下面均表示为"GDP"）、工业总产值、工业增加值、税收收入、出口总额、进口总额及实际利用外资等 7 个指标，因此本章将这 7 个指标全部用于数据质量检测的实证研究中。数据来源主要有：2002—2005 年及 2008—2012 年数据来自《中国开发区年鉴》，由于《中国开发区年鉴》中 2006 年和 2007 年的数据不完整，因此这两年的部分数据来源于《中国商务年鉴》，

2013 年数据则来自《中国商务年鉴 2013》。需要说明的是,2003—2013 年版《中国开发区年鉴》中的进口总额、出口总额和实际利用外资的单位为亿美元,而 2014 年版的《中国商务年鉴》中进口总额和出口总额的单位为亿元人民币。为将各年数据单位统一为亿美元,这里须对 2013 年的进口总额和出口总额进行换算,其中汇率选择的是 2013 年 12 月 31 日中国外汇交易中心公布的美元兑人民币汇率是 6.0969。另外,由于每年都有新增的国家级经开区,为保证数据的一致性,这里仅选取 2009 年前已确认的 54 个国家级经开区作为研究对象,但其中拉萨和虹桥国家级经开区大部分数据缺失,故将其删除,最终保留52 个国家级经开区。

(一)运用"合并法"和"剔除法"的 Benford 法则

"合并法"和"剔除法"的 Benford 法则在数据规模不大的情况下能够比较有效地检验数据质量。"合并法"的 Benford 法则是将多个年度的数据合并,利用合并后的数据进行 Benford 法则的检验,可以筛选出有质量问题的指标。"剔除法"的 Benford 法则是在合并的数据基础上只剔除某一年的数据,如果剔除某一年数据后 χ^2 统计量的值明显变小,则说明该数据的存在使得汇总数据与 Benford 法则的差异拉大,那么上述有质量问题的指标在该时间段存在数据质量问题。

1."合并法"筛选出有质量问题的指标

这里将 2002—2013 年的数据分别按指标合并,以观察各指标首位数字的频率分布(见表 10-3)是否服从 Benford 法则。

表 10-3　2002—2013 年各指标首位数字的频率分布

首位数字	Obs	1	2	3	4	5	6	7	8	9
Benford Law		30.103	17.609	12.494	9.961	7.918	6.695	5.799	5.115	4.576
GDP	624	31.366	15.994	10.714	9.627	10.093	5.59	6.366	4.814	5.435
税收收入	624	31.726	17.107	13.375	7.621	7.154	5.443	7.465	4.821	5.288
工业增加值	624	31.898	15.63	11.962	10.207	7.337	7.496	5.423	5.582	4.466

续表

首位数字	Obs	1	2	3	4	5	6	7	8	9
工业总产值	624	28.843	17.908	13.629	11.094	8.399	6.656	5.547	4.754	3.17
出口总额	624	31.804	15.981	11.234	10.759	8.703	7.595	6.013	4.43	3.481
进口总额	618	32.855	20.415	11.643	7.018	8.612	6.22	4.306	5.263	3.668
实际利用外资	617	29.984	17.018	15.559	7.942	9.076	6.807	5.997	3.404	4.124

注：Obs 为 Observation 的缩写，这里指观测数据的频数。

如表 10-3 所示，7 个指标首位数字的频率分布和 Benford 法则有所不同。相对而言，GDP、税收收入和进口总额的频率分布与 Benford 分布的差别较明显。但这种差别是否显著还需要通过 χ^2 拟合优度检验和修正 K-S 拟合优度检验来反映，检验结果见表 10-4。

表 10-4　2002—2013 年各指标 Benford 分布的检验

	GDP	税收收入	工业增加值	工业总产值	出口总额	进口总额	实际利用外资
Obs	624	624	624	624	624	618	617
χ^2	9.463	9.775	3.687	5.439	6.647	13.53*	11.5226
V_N^*	0.883	1.043	0.649	0.839	0.751	1.401**	0.7664

注：表中 * 表示数据大于显著性水平 10% 的临界值，** 表示数据大于显著性水平 5% 的临界值。

从表 10-4 可以看出，7 个指标中只有"进口总额"的 χ^2 统计量在 10% 显著性水平下是显著的，且其修正的 K-S 检验统计量在 5% 显著性水平下是显著的。可见"进口总额"这个指标的数据可能存在一定的作假或者篡改的嫌疑。另外，文献[34]中研究说明 2002—2010 年的数据中"税收收入"指标是有质量问题的，而在加入了 2011—2013 年这 3 年的数据后，"税收收入"指标变为正常。原本正常的"进口总额"指标在加入了这 3 年的数据后变为有问题的指标。这样的变化说明 2011—2013 年各国家级经开区的"税收收入"没有问题，而"进口总额"的质量问题较大，应重点关注。另外，虽然整体上看 2011—2013 年的"进口总额"指标有质量问题，但"进口总额"出现质量问题的具体时间点尚未确定，还需进一步研究。

2."剔除法"确定"进口总额"出现质量问题的时间段

由于"进口总额"指标不可能在全部时间段都有质量问题,因此需要通过 Benford 法则来确定出现问题的具体时间点。为保证数据规模足够大,在 2002—2013 年的合并数据中,分别将每一年的数据逐年剔除以观察 χ^2 统计量值(由于 χ^2 拟合优度检验和修正 K-S 拟合优度检验的结果相差不大,这里仅列出了 χ^2 统计量值)的变化方向,从而确定出问题的时间段,具体的结果见表 10-5。

表 10-5 分别剔除某一年后"进口总额"Benford 分布的检验

	剔除 2013 年	剔除 2012 年	剔除 2011 年	剔除 2010 年	剔除 2009 年	剔除 2008 年
χ^2	9.632	9.6021	11.0653	10.8936	11.8301	15.4277
	剔除 2007 年	剔除 2006 年	剔除 2005 年	剔除 2004 年	剔除 2003 年	剔除 2002 年
χ^2	15.4627	15.7668	12.5128	12.1957	11.2152	13.2329

从表 10-5 可以发现,在逐年"剔除"后,除了 2006—2008 年的"进口总额"的 χ^2 统计量变大了,其他年份的均变小了,且 2009—2013 年的减幅异常明显,这进一步说明 2009—2013 年的"进口总额"有一定程度的质量问题。再次考察 2009—2013 年的"进口总额"的首位数分布,见表 10-6。

表 10-6 2009—2013 年"进口总额"的首位数字频率分布

首位数字	Obs	1	2	3	4	5	6	7	8	9
Benford Law		30.103	17.609	12.494	9.961	7.918	6.695	5.799	5.115	4.576
进口总额	259	39.382	21.622	10.811	5.405	8.494	4.633	3.861	3.475	2.317

由表 10-6 可以看到,这 5 年"进口总额"的首位数分布并未呈现出单调递减的趋势。且与 Benford 分布差别较大。结合 χ^2 统计量来看,其值为 22.9537,远大于 1% 显著性水平的临界值 20.09。可以更加确定"进口总额"在该时间段确实存在质量问题。

经过前述分析,本章已明确"进口总额"指标有质量问题,且 2009—2013 年均存在一定的问题。下一步,本章将确定是哪些国家级经开区在"进口总额"指标上有问题。这里不再使用 Benford 法则提供的异常数据候选样本池,而是通过逐步回归法来构建拟合程度较高的计量模型,利用其残差分析来进行甄别。

(三)利用逐步回归法构建计量模型以寻找异常样本点

1.变量间的散点图

在构建模型前,首先做散点图来反映变量之间的关系。为方便描述,这里将进口总额、GDP、工业总产值、工业增加值、税收收入、出口总额及实际利用外资等 7 个指标分别用 y、$x1$、$x2$、$x3$、$x4$、$x5$ 和 $x6$ 来表示。进口总额与其他 6 个指标之间的关系散点图(以 2009 年为例)见图 10-1。

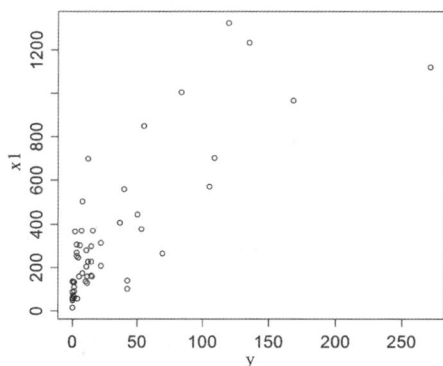

(a)2009 年进口总额与 GDP 的散点图　　(b)2009 年进口总额与工业增加值的散点图

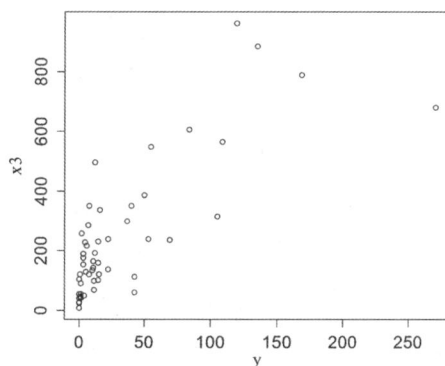

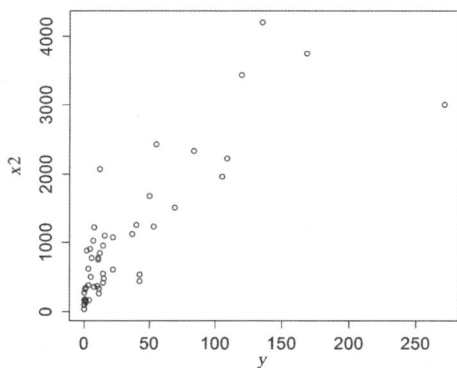

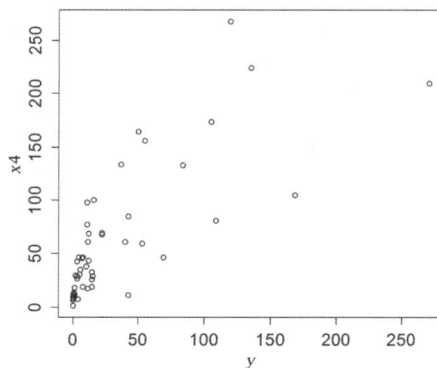

(c)2009 年进口总额与工业总产值散点图　　(d)2009 年进口总额与税收收入散点图

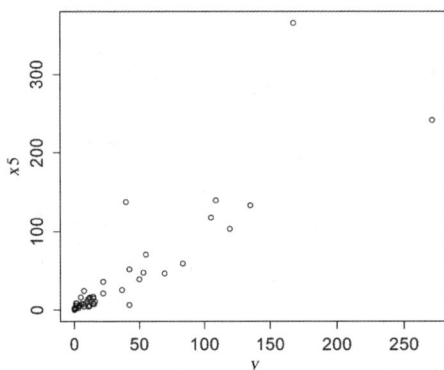

(e)2009 年进口总额与出口总额散点图　　(f)2009 年进口总额与实际使用外资
总额散点图

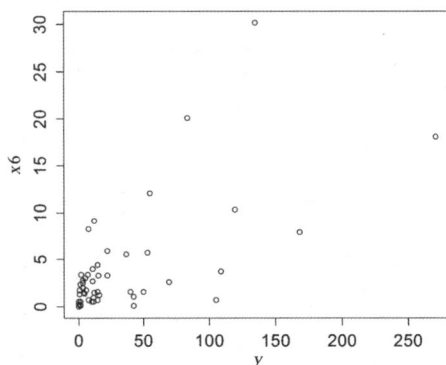

图 10-1　2009 年进口总额与其他 6 个指标的散点图

从 6 个散点图的情况看,均呈现一定的喇叭状,说明存在异方差。应分别将这 7 个指标取对数以消除异方差,这里用 $\ln y$、$\ln x1$、$\ln x2$、$\ln x3$、$\ln x4$、$\ln x5$、$\ln x6$ 来表示。另外,由于取对数后的"GDP"与"工业总产值"和"工业增加值"的相关系数分别高达 0.962 和 0.975,因此在实证分析中,将"工业总产值"和"工业增加值"删去。下面列出"进口总额"与其他 4 个指标的对数散点图,见图 10-2。

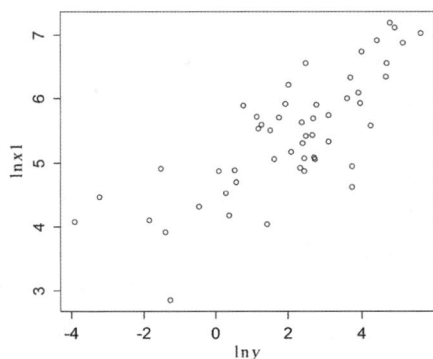

(a)2009 年进口总额与 GDP 对数散点图　　(b)2009 年进口总额与税收收入对数散点图

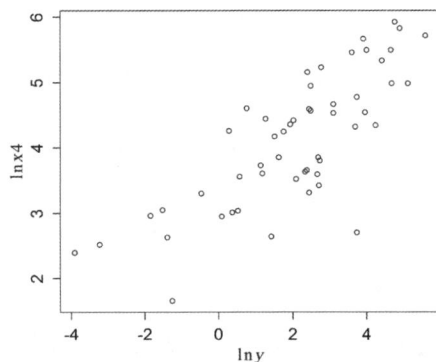

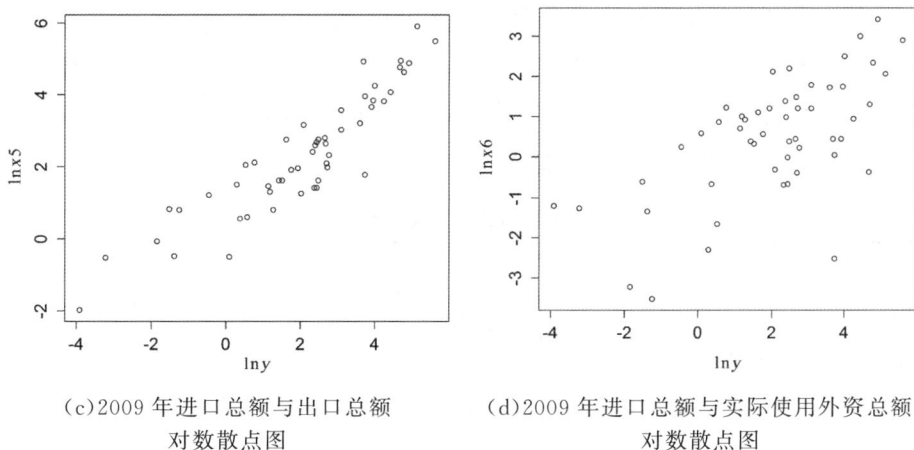

(c)2009年进口总额与出口总额　　　　(d)2009年进口总额与实际使用外资总额
　　对数散点图　　　　　　　　　　　　对数散点图

图 10-2　进口总额与其他 4 个指标对数散点图

从图 10-2 中的 4 个图可以看出,取对数后的散点图不再像图 1 那样呈现喇叭型,说明一定程度上消除了异方差,可以用对数形式构建模型。另外,由于兰州在 2010 年、2012 年及 2013 年的实际利用外资为 0,闵行在 2013 年的实际利用外资为 0,不能取对数,这里将它们从相应年份数据中删除。

2.通过逐步回归方法选取拟合程度较高的模型

由于异常样本点的精确寻找与模型的拟合程度有着直接关系。有质量问题的指标可以确定为因变量,但其他没有质量问题的指标该采取何种形式作为自变量则无法确定。此时,逐步回归法可以作为一种有效的解决方法。这里,采用向后逐步回归方法,即从模型包含所有自变量开始,一次删除一个变量,直到会降低模型质量为止。模型质量判断依据的是精确 AIC 准则。该准则的优点在于:既考虑了模型的拟合程度以及用来拟合的参数数目,而且只要样本量不是特别小,它会把每一个重要的自变量都包含在预测模型中,因此它在处理小样本或者噪音较大的数据时比较有优势(胡健颖等,2006)。AIC 值越小的模型说明模型用较少的参数获得了足够的拟合度。

本章将 GDP、税收收入、出口总额以及实际利用外资等 4 个指标取对数后的一次项、二次项以及它们之间的交互项全部纳入模型中。将交互项纳入候选变量的原因在于:若模型中两个变量的交互项显著,则说明因变量与其中一个自变量的关系依赖于另一个自变量的水平。另外,由于每年指标之间的关系会随着宏观环境和相应的政策而发生变化,因此这里每年都构建一个模型用以发现本年度在"进口总额"上异常的样本点。为节省篇幅,逐步回归的过程不再罗列,仅将逐步回归最终确定的模型进行列举,2009—2013年的模型系数及检验结果见表10-7～表10-11。

表 10-7　2009 年构建的模型系数及拟合程度

	(Intercept)	$\ln x1$	$\ln x4$	$\ln x5$	$\ln x6$
coefficients	4.56134	−1.87754	−0.33240	1.88534	−0.11062
$\Pr(>\lvert t\rvert)$	2.87e−07***	2.06e−13***	0.155	2e−16***	0.327
	$\ln x1:\ln x6$	$\ln x1:\ln x4$	$\ln x4:\ln x5$	$\ln x4:\ln x6$	
coefficients	0.29663	0.3577	−0.28844	−0.36619	
$\Pr(>\lvert t\rvert)$	1.23e−12***	2.35e−08***	1.19e−12***	7.23e−14***	
拟合程度	Multiple R-squared：0.9913 Adjusted R-squared：0.9903				

从表 10-7 可以看出,该模型拟合程度非常高,其调整 R^2 达到了 0.9903。模型的检验结果说明,该年度"进口总额"与"GDP"有显著的相关关系,且与"GDP"的关系还依"税收收入"水平及"实际利用外资"水平的不同而不同;另外,"进口总额"与"出口总额"也有显著的关系,且这种关系依"税收收入"水平的不同而呈现负向的变化;"进口总额"与"实际利用外资"也有一定的关系,只不过这种关系主要以与"税收收入"的交互作用形式呈现,即依"税收收入"的水平不同而呈负向变化。

表 10-8　2010 年构建的模型及其检验

	(Intercept)	$\ln x1$	$\ln x4$	$\ln x5$	$\ln x6$	$\ln x1:\ln x5$	$\ln x1:\ln x4$	$\ln x1:\ln x6$
coefficients	−4.61372	0.0211	3.44508	0.50132	−0.11102	0.07928	−0.42089	0.10690
$\Pr(>\lvert t\rvert)$	4.73e−05***	0.9161	2.24e−09***	0.05096	0.56655	0.05898	1.85e−06***	0.00506**
拟合程度	Multiple R-squared：0.9925 Adjusted R-squared：0.9913							

表 10-8 的数据同样说明模型拟合程度很高,其调整 R^2 达到了 0.9913。且 2010 年度"进口总额"与"GDP"、"税收收入"有显著的相关关系。"进口总额"与"GDP"的关系还要依"税收收入"及"实际利用外资"的水平不同而分别发生负向和正向变化。

表 10-9　2011 年构建的模型及其检验

	(Intercept)	$\ln x4$	$\ln x5$	$\ln x6$	$\ln x5 : \ln x6$	$\ln x4 : \ln x6$	$\ln x4 : \ln x5$
coefficients	−4.27026	1.30681	1.31172	0.4028	0.25052	−0.30346	−0.19197
$\Pr(>\lvert t \rvert)$	5.73e−07 ***	4.38e−08 ***	1.79e−05 ***	0.00184 **	7.02e−08 ***	2.96e−07 ***	0.00817 **
拟合程度	Multiple R-squared:0.9639　　Adjusted R-squared:0.9591						

从表 10-9 可以看出,基于 2011 年的数据构建的模型其调整 R^2 为 0.9591,拟合程度较高。与前两年不同的是,2011 年度"进口总额"不再与 "GDP"有显著的相关关系,而是与"税收收入"、"出口总额"及"实际利用外资"有显著的相关关系。且与它们之间的交互项也有明显的相关关系。

表 10-10　2012 年构建的模型及其检验

	(Intercept)	$\ln x1$	$\ln x4$	$\ln x5$	$\ln x6$	$\ln x1 : \ln x5$
coefficients	−2.600361	0.002276	0.748207	1.036799	0.158622	−0.057909
$\Pr(>\lvert t \rvert)$	0.009385 **	0.991213	1.58e−09 ***	1.51e−06 ***	0.000617 ***	0.069350
拟合程度	Multiple R-squared:0.9853Adjusted R-squared:0.9837					

从表 10-10 呈现出的模型及系数检验的结果可以看出,经过逐步回归筛选变量后构建的模型其拟合程度很高,其调整 R^2 为 0.9837。且 2012 年的模型中比较特殊的地方在于:"进口总额"与"税收收入"、"出口总额"及"实际利用外资"有比较显著的关系,而与指标之间的交互项作用不明显。

表 10-11　2013 年构建的模型及其检验

	(Intercept)	$\ln x1$	$\ln x4$	$\ln x5$	$\ln x6$	$\ln x4 : \ln x1$	$\ln x1 : \ln x5$
coefficients	−6.44667	0.42587	2.71807	−0.19997	0.23089	−0.28599	0.131
$\Pr(>\lvert t \rvert)$	5.93e−13 ***	0.00257 **	1.69e−14 ***	0.38187	2.07e−09 ***	2.09e−08 ***	0.00117 **
拟合程度	Multiple R-squared：0.9913　　Adjusted R-squared：0.9901						

表 10-11 的检验结果可以看出,该模型拟合程度非常高,其调整 R^2 为 0.9901。与 2010 年的情况类似,"进口总额"与"GDP"的关系依"税收收入"及 "实际利用外资"的水平不同而分别发生负向和正向变化。

从上述模型的构建结果可以发现,这几年的模型形式不尽相同,且"进口总额"主要是和各自变量的一次项及交互项有关系。由此可见,"进口总额"的变化是由比较复杂的原因引起的,单独讨论"进口总额"与某个指标之间的关系显然是不合理的。

3.利用残差分析方法来寻找异常样本点

模型构建好后,即可利用各种残差分析方法来诊断哪些样本点在"进口总额"上异常。但这一方法不适用于本身数值很大、对模型影响严重的样本点。因此,本章将进一步结合杠杆值的计算。当某样本点杠杆值很大时,说明该样本点把回归线向自己的身边拉近,从而对整个模型的拟合性造成很大的影响,该样本点即称为高杠杆点(王斌会,2015)。当然不是所有的高杠杆点都是异常点。如果残差值的绝对值很小,而杠杆值很大,那么可认为该样本点是好的杠杆点,是利于模型拟合的;如果残差值的绝对值很大,且杠杆值很大,则是坏杠杆点,不利于模型拟合的,即是要寻找的异常样本点(卢二坡和张焕明,2011)。这里,可以通过残差与杠杆图来确定哪些是高杠杆点。

通过基于计量模型的残差与拟合值图、残差的正态 QQ 图、位置尺度图以及残差与杠杆图来寻找异常样本点。以 2009 年的为例,如图 10-3(a)～(d)。

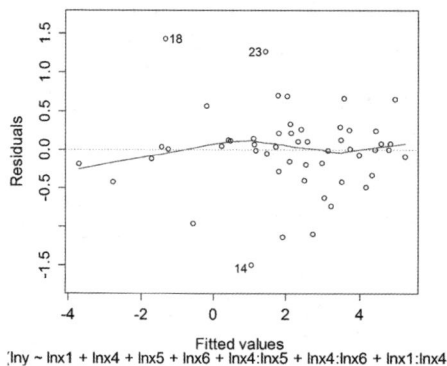

(a)残差与拟合值图　　　(b)残差正态 QQ 图

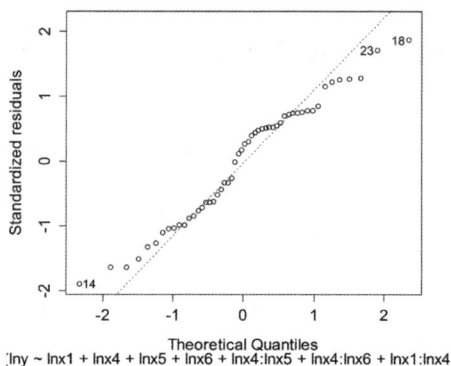

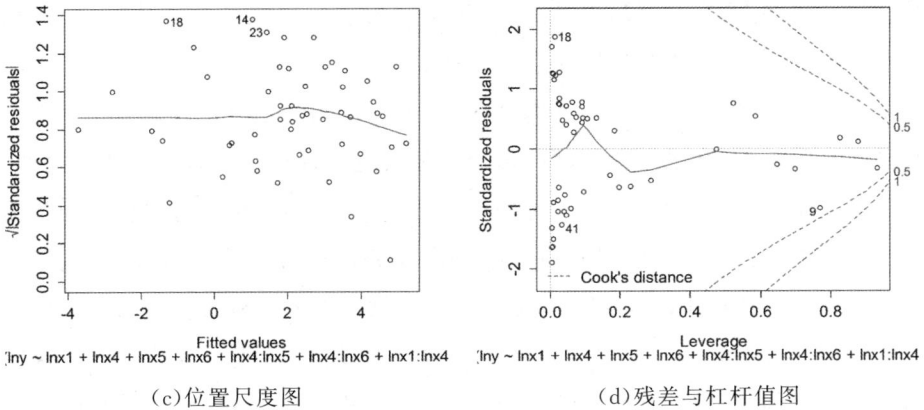

（c）位置尺度图　　　　　　　　（d）残差与杠杆值图

图 10-3　2009 年残差分析得到的在进口指标上异常的样本点

汇总图 10-3 可得：2009 年的 52 个国家级经开区中，第 14 昆明（－1.494）、第 23 秦皇岛（1.265）残差异常大；第 9 太原（＋0.0497）、第 41 惠州大亚湾（－0.625）残差小但杠杆值高；第 18 呼和浩特（1.432）残差不仅异常大而且杠杆值高。由此，可以确定真正在"进口总额"这个指标上有问题的样本点是应该是昆明、呼和浩特和秦皇岛。同理，也可得到 2010—2013 年存在数据质量异常的国家级经开区。现将 2009—2013 年异常的样本点汇总于表 10-12 中。

表 10-12　各年在进口指标上异常的国家级经开区

年份	国家级经开区
2009 年	昆明（－）、呼和浩特（＋）、秦皇岛（＋）
2010 年	西宁（－）、萧山（－）、福清融侨（＋）
2011 年	重庆（－）、石河子（－）、湛江（－）、福清融侨（＋）
2012 年	重庆（－）、石河子（－）、萧山（－）、东山（－）
2013 年	石河子（－）、宁波（＋）、威海（＋）、福清融侨（＋）、惠州大亚湾（－）、海南洋浦（＋）

表 10-12 中括号内的符号为残差的正负。残差值若为正，说明实际值比模型拟合值大，则可认为有人为调高"进口总额"的嫌疑；若残差值为负，说明实际值比模型拟合值小，则可认为有人为调低"进口总额"的嫌疑。仔细观察表 10-12，发现两个有趣的现象：一是每一年有嫌疑的国家级经开区人为调整

"进口总额"的方向不一致;二是 2013 年有嫌疑的国家级经开区数量最多,且除石河子外,其他均为东部国家级经开区。

本章认为,出现上述现象的原因在于:涉及进口的企业要缴纳的税负除了和税率有关外,还和国家政府部门出台的相关进口优惠政策有着密切的关系。对于这些企业而言,因进口而产生的税负分为两部分:一是向海关缴纳的各项税收,包括关税和进口环节增值税;二是向税务部门缴纳的各项税费,包括增值税和企业所得税等。而向海关和税务部门缴纳的各项税收的高低与进口商品的价格有着直接的关系。进口商品进口价格越高,向海关缴纳的各项税收越多;而进口商品进口价格越低,其销售价格与进口价格差价越大,则向税务部门缴纳的各项税收越多。因此国家级经开区中涉及进口的企业为规避税收而在进口货物报价的高与低之间权衡。

更为重要的是当政府部门出台了相关税收优惠政策后,国家级经开区的相关企业会随之调整自己的商品价格以达到合理避税的目的。这里列举两种情况:

第一,当政府出台了与企业进口产品相关的税收优惠政策,而被免征关税和进口环节增值税时,进口企业则有可能人为提高进口货物的报价,以减少向税务部门缴纳的各项税负。如:

(1)2007 年 9 月,财政部、商务部联合出台了《进口贴息资金管理暂行办法》,国家财政对企业以一般贸易方式进口列入《鼓励进口技术和产品目录》中的产品、技术以贴息方式给予支持。

(2)2009 年的《中西部地区外商投资优势产业目录(2008 年修订)》(2009 年第 4 号公告),该政策规定自 2009 年 1 月 1 日及以后核准属于《中西部外资目录(2008 年修订)》范围的外商投资项目(包括增资项目),享受鼓励类外商投资项目进口税收优惠政策,相关项目项下进口的自用设备以及按照合同随上述设备进口的技术和配套件、备件,按照《国务院关于调整进口设备税收政策的通知》(国发〔1997〕37 号)和海关总署公告 2008 年第 103 号的有关规定免征关税,进口环节增值税照章征收。

据此推断,从 2008 年以后一些国家级经开区中的企业可能会人为调高"进口总额"以获取更多的进口贴息,尤其是西部国家级经开区的企业,这种现象可能会更为突出。

(3)2012年的《国家支持发展的重大技术装备和产品目录》和《重大技术装备和产品进口关键零部件、原材料商品清单》。该政策规定对符合规定条件的国内企业为生产目录和清单中所列装备或产品,免征关税和进口环节增值税。且对一些项目恢复征收进口税收,其中就包括中西部地区外商投资优势产业项目。

此政策会使得符合免税政策的企业人为调高相关产品的"进口总额";而同时对于被恢复征收进口税收的相关企业,又会人为调整"进口总额"以达到规避海关和税务部门两方面征税的目的。这也是2013年的异常样本点中,东部国家级经开区很多而中西部国家级经开区很少的原因之一。

第二,当出台了和国家级经开区中企业生产的相关产品的企业所得税优惠政策,而被免征或减半征收企业所得税时。如:《关于企业所得税若干优惠政策的通知》(财税〔2008〕1号)以及《国务院关于实施企业所得税过渡优惠政策的通知》(国发〔2007〕39号)等。此时,国家级经开区的企业就会将被实施优惠的相关产品的进口零部件或者半成品价格调低,以降低为其缴纳的关税和进口环节增值税。

总之,当与相关政策联系在一起时,对于异常国家级经开区"进口总额"出现人为调整,且数据方向不一致的现象就不难理解了。

本章提出了一种综合应用Benford法则和逐步回归模型检测多指标面板数据质量的方法。这种方法避免了以往Benford法则在确定异常样本点时"一刀切"的问题。通过逐步回归法构建的计量模型不仅拟合程度高,而且形式灵活多样,除了有助于我们进行残差分析寻找异常样本点外,还能够获得某些有价值的规律。将该方法应用于我国国家级经开区主要经济指标数据质量的实证分析取得了很好的效果,并具有一定的实践指导意义。如实证中,我们发现"进口总额"的变化不只是与某个变量有关系,而是与多个变量以及这些变量的交互项有着显著的关系,且每年的情况会随着宏观环境与政策调整而发生变化。

第十一章 总结及建议

一、总结

本书分别对国家高新区和国家级经开区的经济运行进行了评价研究。这些研究与现有的科技部、商务部等部门开展的评价所起的作用和功能不同。首先,这些方法是从动态视角对国家高新区等国家级开发区的经济运行态势和发展的潜在规律做出分析和评价,因此可以对国家级开发区的发展路径有较清晰的认识,对未来发展中出现的问题做出某些预警。第二,与以往对国家高新区等国家级开发区进行排名不同,本书是对国家级开发区进行梯队划分,同一梯队的国家级开发区可能在园区规模上有差距,但其经济运行的轨迹具有相似性,这样更有利于寻找梯队内部和梯队之间发展的规律性。第三,本书不仅将国家高新区等国家级开发区按照其创新绩效的变化趋势进行了梯队的划分,还能够找出影响这种变化趋势的因素及其影响路径和路径转变的关键点,这可以为国家级开发区运行监测和政策制定提供参考,从而进一步促进国家级开发区的健康发展。第四,本书提出的数据质量检测方法,可以对国家高新区或国家级经开区的各项指标数据质量进行甄别,将会有利于在开展各类综合评价之前对指标进行有效筛选,从而提升评价结果的稳定性和可信性。

二、对策及建议

基于课题研究,这里针对我国国家高新区等国家级开发区在发展中存在的不足和问题,提出了相应的对策:

第一,加大基础研究和应用研究的研发投入。研究中发现,我国每年在研发上的投入总额已经位居世界前列,但与发达国家相比,我国在研发投入上的差距主要在于研发经费的投放结构不合理。我国投入试验发展上的经费比例过高,而投入对国家科技创新有重要基础性支撑作用的基础研究和应用研究则比例过低。因此,为进一步提升我国的科技创新能力,筑牢科技创新的基础,推动国家级开发区向更高层次发展,就必须加大对基础研究和应用研究的投入力度。

第二,加大地方政府对研发投入的资金支持。研究发现,我国国家高新区的研发投入强度与发达国家相比还有一定差距,尤其是在政府的资金支持力度上与发达国家的差距更加明显。考虑到国家高新区对其所在地经济发展和科技进步具有重要的示范作用,对高新区研发方面的资金投入部分具有公共物品的特征,因此,地方政府在研发方面的资金投入上应承担重要责任,地方政府在研发上的资金支持力度仍需进一步提高。

第三,提高政府资金的使用效率。总体来看,不同地方政府对各自区域内国家高新区的资金支持力度不同,其中东部地区的资金支持力度最高,但在资金投入中也出现了由于缺乏科学、合理的分配,而造成大量重复投向某些企业的现象,导致资金投入的边际效益递减,降低了创新资源的配置效率,出现企业研发积极性不高、科研贡献低和科技人员效率变差等问题。因此,政府应加强对研发资金投入的评估,根据评估结果及时调整资金的投向,避免造成研发资源的浪费。

第四,提升各类创新资源的聚集能力。研究发现,随着高技术企业规模的扩大,能够形成一定的规模经济和范围经济,能够吸引研发团队加入和充足的研发经费投入,从而促进创新产出的大幅提升。目前长春、合肥、西安和武汉等国家高新区进入了良性发展轨道,这些国家高新区以众多高校和科研院所为支撑,依托密集的智力、科技资源涌现新经济增长点,并由此吸引了大量高技术人才及留学人员,也促成了大型或特大型高技术企业的入驻。反过来,这些研发资源和高技术企业又进一步促进了高新区的发展,形成相互促进的良性循环。因此,对于发展质量不高或新升级的国家高新区来说,可以借鉴上述国家高新区的发展模式,制定优惠政策吸引创新创业型人才和优质企业的加入,加大研发经费的投入,营造良好的科研环境,形成各类创新资源加速聚集的趋势,最终形成创新人才、优质企业、园区发展的良性互动,并逐步摆脱对政府资金支持和政策优惠的过度依赖。

第五,加大创新力度是各地区国家高新区持续发展的必由之路。研究发现,东部地区很多成立较早且规模较大的国家高新区生产集约利用效果不尽如人意,不同程度出现了科研贡献不足等问题。如北京、上海、苏州和无锡等国家高新区的规模优势明显,具有重要的地区引领和示范作用,但由于这些国家高新区存在阶段转换的界面障碍、体制惯性和原有路径依赖等问题,也存在经济效益较低、科技人员冗余等问题。解决这一问题仍然需要依靠科技进步,以科技进步带来的快速发展改变要素投入边际收益下降、研发资源冗余和浪费等问题。对于沿海地区的国家高新区,如厦门、惠州等国家高新区来说,在保持出口创汇优势的情况下,应进一步提升自主创新能力和创新产出效率,提升高技术产品的生产能力和获利能力,才能持续提升社会贡献度。对于中西部地区的一些国家高新区来说,要改变创新效率和研发能力较低、主要从事技术含量较低的生产的现状,也应继续培育创新型企业和创新型人才,依靠基于自身产业结构的技术创新,进一步提升经济效益。

第六,提升国家级开发区统计数据质量。统计数据是开展各类评价的基础和前提,也是制定政策的重要依据。本书通过对国家级经开区的研究,发现有部分国家级经开区的"进口总额"数据可能存在异常,虽然数据异常的原因仍需要深入分析,但如何提高统计人员素质、加强对统计数据尤其是可疑数据的监测力度,从而确保数据质量成为各类国家级开发区必须加强的基础性工作。

第七,发挥比较优势是缩小国家级经开区发展差异的重要途径。研究发现,在国家级经开区的发展中,东中西部三个区域的发展差异十分明显,在本书中,将国家级经开区划分为六个梯队,其中经济领先型和经济发达型国家级经开区全部来自东部地区,从经济发展较好型开始,才有了长春、武汉两个国家级经开区。由此可以看出,中西部地区的国家级经开区与东部地区的差距较大,要缩小国家级经开区间发展质量的差距,就应根据中西部地区产业的比较优势,在承接产业转移和发展优势产业的过程中,确定合理的发展方向和领域,加快现有优势产业的转型升级和科技创新。

三、尚需深入研究的问题

本书存在的不足和尚需研究的问题主要有以下几方面:第一,本书重点研究的是对国家高新区和国家级经开区较长一段时期内经济运行的质量进行分析和评价的方法。这种方法具有一般适用性,无须因指标体系的修订而做修改。因此,在未来数据可得的情况下,下一步的研究将在完善指标体系的基础上,更加全面、合理地对两种类型的国家级开发区经济运行质量进行评价和分析。第二,本书通过所提出的基于面板数据的动态研究方法,对我国国家高新区经济运行的不同方面分别进行了分析和评价,并未能给出各国家高新区经济运行质量的综合评价分析结果。这将是本书下一步要展开的研究内容,即尝试提出基于面板数据的主成分分析、因子分析及其他综合评价方法,从而能够为各国家高新区较长一段时期内经济运行的质量给出一个综合排名,并给出短期甚至长期的预测,这也将与本书通过梯队划分寻找国家高新区的发展规律形成互补。第三,本书鉴于时间的延续性只分析了从 2007 年就有的国家高新区和国家级经开区,未能对后来陆续加入的新的国家高新区和国家级经开区进行分析。因此,下一步的研究将会针对我国国家高新区和国家级经开区每年扩容的情况,考虑使用非平衡的面板数据分析方法来进行分析和评价。第四,由于数据获取困难,本书中涉及国家级经开区的研究未能全面展开。关于国家级经开区经济运行质量的空间相关性和空间溢出效应也将是本书下一步的研究重点。第五，基于篇幅考虑，本书只是研究了分地区的国家高新区和国家级经开区的经济运行质量，而未对分行业、分注册类型的国家级开发区的运行情况进行研究，这也是下一步应开展的研究内容。

参考文献

[1]安宁宁，韩兆洲.面板数据模型设定的一般方法[J].统计与决策，2007(5):134-134.

[2]陈智，吉亚辉.中国高技术产业创新绩效的影响因素研究[J].江南大学学报(人文社会科学版)，2019(2):108-115.

[3]陈建丽，孟令杰，姜彩楼.两阶段视角下高技术产业技术创新效率及影响因素研究[J].数学的实践与认识，2014(4):63-74.

[4]陈耀.推动国家级开发区转型升级创新发展的几点思考[J].区域经济评论，2017(2):5-9.

[5]程凌华，李享，等.2013年国家高新区综合发展与数据分析报告[J].中国科技产业，2014(9):43-61.

[6]程凌华,李享,等.2014年国家高新区综合发展与数据分析报告.中国科技产业，2015(10):22-42.

[7]程凌华，李享，等.2017年国家高新区综合发展与数据分析报告[J].中国科技产业，2018(12):52-63.

[8]戴大洋，邓光明.基于小波特征提取的高频面板数据聚类方法[J].统计与信息论坛，2018，33(2):46-51.

[9]党耀国，侯荻青.基于特征提取的多指标面板数据聚类方法[J].统计与决策，2016,(19):68-72.

[10]邓子基，杨志宏.财税政策激励企业技术创新的理论与实证分析[J].财贸经济，2011(5):5-10.

[11]高帆.我国区域农业全要素生产率的演变趋势与影响因素——基于

省际面板数据的实证分析[J].数量经济技术经济研究，2015(5):3-19.

[12]桂黄宝.基于锡尔熵和基尼系数法的高技术产业创新能力差异分析[J].地域研究与开发，2013(5):29-35.

[13]桂黄宝.我国高技术产业创新效率及其影响因素空间计量分析[J].经济地理，2014(6):100-107.

[14]郭彦君等.采用 FAHP 方法的国家高新区技术创新能力评价研究[J].现代制造工程，2009(4):143-147.

[15]胡健颖，姜国华，王汉生.实证研究中预测模型的选择：从逐步回归到信息标准[J].数理统计与管理，2006(1):21-26.

[16]江三良，纪苗.R&D 投入与经济增长——基于人力资本门槛模型和匹配视角的分析[J].兰州财经大学学报，2018(4):38-46

[17]靳庭良，郭建军.面板数据模型设定存在的问题及对策分析[J].数量经济与技术经济，2004(10):131-135.

[18]康枫，柴用栋.社会融资方式与经济增长的关系研究——基于状态空间模型的分析[J].技术经济与管理研究，2016(4):97-101

[19]科技部火炬高技术产业开发中心.2010 年国家高新区综合发展与数据分析报告[J].中国高新区，2011(10):14-22.

[20]科技部火炬高技术产业开发中心.2011 年国家高新技术产业开发区综合发展与数据分析报告[J].中国高新区，2012(9):44-56.

[21]科技部火炬高技术产业开发中心.2012 年国家高新区综合发展与数据分析报告[J].中国科技产业，2013(9):32-36.

[22]李嘉明，乔天宝.高新技术产业税收优惠政策的实证分析[J].技术经济，2010(2):45-49.

[23]李培楠，赵兰香，万劲波.创新要素对产业创新绩效的影响[J].科学学研究，2014(4):604-612.

[24]李培哲，菅利荣，刘勇.基于 DEA 与 Malmquist 指数的区域高技术产业创新效率评价研究[J].工业技术经济，2019(1):21-34.

[25]李瑞茜，白俊红.政府 R&D 资助对企业技术创新的影响——基于门槛回归的实证研究[J].中国经济问题，2013(3):11-23.

[26]李因果,戴翼,何晓群.基于自适应权重的面板数据聚类方法[J].系统工程理论与实践,2013,33(2):388-395.

[27]李子奈.高级计量经济学[M].北京:清华大学出版社,2012:65.

[28]林秀梅,孙海波,王丽敏.智能信息处理的多指标面板数据聚类方法及其应用[J].数理统计与管理,2016(4):641-648.

[29]刘焕鹏,严太华.我国高技术产业R&D能力、技术引进与创新绩效[J].山西财经大学学报,2014(8):42-49.

[30]刘满凤,李圣宏.国家级高新技术开发区的创新效率比较研究[J].江西财经大学学报,2012(3):5-17.

[31]刘树林,姜新蓬,余谦.中国高技术产业技术创新三阶段特征及其演变[J].数量经济与技术经济,2015(7):104-116.

[32]刘秀梅.基于小波变换的时间序列聚类[J].哈尔滨师范大学自然科学学报,2017(2):13-17.

[33]刘云霞.基于动态时间规整的面板数据聚类方法研究及应用[J].统计研究,2016,33(11):93-101.

[34]刘云霞,曾五一.关于综合利用Benford法则与其他方法评估统计数据质量的进一步研究[J].统计研究,2013(8):3-9.

[35]卢二坡,张焕明.基于稳健主成分回归的统计数据可靠性评估方法[J].统计研究,2011(8):21-27.

[36]卢方元,范云菲.我国大中型工业企业自主创新能力的区域差异比较[J].科技进步与对策,2011(16):15-20.

[37]吕佳,陈万明.基于DEA Malmquist指数的我国高技术产业创新效率分析[J].南通大学学报,2015(4):135-141.

[38]樊元,等.财税政策和金融政策对中国高技术产业集聚效应分析[J].科技管理研究,2014(7):177-180.

[39]任娟.多指标面板数据聚类方法及其应用[J].统计与决策,2012(4):92-95.

[40]宋智文,凌江怀.高技术产业金融支持实证研究[J].经济问题,2013(3):75-80.

[41]孙晓华，辛梦依.R&D投资越多越好吗？——基于中国工业部门面板数据的门限回归分析[J].科学学研究，2013(3):377-385.

[42]沈悦，董鹏刚.房价波动、投资约束与经济增长——基于异质性面板门槛模型的研究[J].大连理工大学学报，2018(3):39-47.

[43]石文香，陈盛伟.农业保险促进了农民增收吗？[J].经济体制改革，2019(2):84-91.

[44]孙杨，柳宏志.高新技术企业经济效益评价的实证分析[J].技术经济与管理研究，2005(3):48-49.

[45]孙战秀，栾维新，片峰.沿海城市对开发区经济发展的影响机制研究[J].工业技术经济，2017(2):147-152.

[46]杨清可，段学军.基于DEA-Malmquist模型的高新技术产业发展效率的时空测度与省际差异研究[J].经济地理，2014(7):103-110.

[47]姚和平，徐红.谈改进完善高新技术企业认定管理办法[J].科技管理研究，2009(11):68-70.

[48]叶柏青，韦伟.基于PLS的东北三省高技术产业技术创新能力影响因素研究[J].哈尔滨商业大学学报(社会科学版)，2015(3):122-128.

[49]叶锐，杨建飞，常云昆.中国省际高技术产业效率测度与分解[J].数量经济技术经济研究，2012(7):3-17.

[50]俞亚星.筹资来源、金融支持与高技术产业发展——基于中国省级面板数据的实证研究[J].金融与经济，2011(5):13-16.

[51]袁茜，吴利华，张平.长江经济带一体化发展与高技术产业研发效率[J].数理经济与技术经济，2019(4):45-60.

[52]宇文晶，马丽华，李海霞.基于两阶段串联DEA的区域高技术产业创新效率及影响因素研究[J].研究与发展管理，2015(3):137-146.

[53]王斌，谭清美.要素投入能推动高技术产业创新成果的转化吗？[J].科学学研究，2015(6):850-858.

[54]王斌会.计量经济学模型及R语言应用[M].广州:暨南大学出版社，2015:95-98.

[55]王德青，朱建平，谢邦昌.中国创新能力区域差异的静态与动态分析

[J].数理统计与管理，2014，33(9):389-395.

[56]王锋，冯根福.基于DEA窗口模型的中国省际能源与环境效率评估[J].中国工业经济，2013(7):56-68.

[57]王建军，杨辉平.新疆贫困县特征的多维标度分析[J].统计与决策，2016，(02):115-119.

[58]王萌萌，马超群，姚铮.创新资源集聚水平对高技术产业创新绩效影响的实证研究[J].科学管理研究，2015(9):13-19.

[59]王树海，程凌华.2009年国家高新区综合发展与数据分析报告[J].中国高新区，2010(10):38-46.

[60]王晓珍，党建民，吉生保.高技术产业科技投入、经费配置结构对新产品销售影响的统计检验[J].统计与决策，2012(23):79-82.

[61]王伟光，马胜利，姜博.高技术产业创新驱动中低技术产业增长的影响因素研究[J].中国工业经济，2015(3):70-82.

[62]王泽东，邓光明.基于趋势距离的面板数据聚类方法探讨[J].统计与决策，2019，35(8):35-38.

[63]王钊，王良虎.税收优惠政策对高技术产业创新效率的影响[J].科技进步与对策，2019(3):1-8.

[64]魏洁云，江可申.基于面板向量自回归模型高技术产业创新动态影响的研究[J].系统管理学报，2014(4):572-577.

[65]魏玮，陈杰.加杠杆是否一定会成为房价上涨的助推器？——来自省际面板门槛模型的证据[J].金融研究，2017(12):48-63.

[66]吴青荣.产业结构变迁、人力资本、R&D强度对中等收入群体影响的动态测度——基于协整和状态空间模型的实证[J].经济问题探索，2017(9):25-29.

[67]吴喜之.复杂数据统计方法——基于R的应用[M].北京:中国人民大学出版社，2012:142-144.

[68]吴秀波.税收激励对R&D投资的影响:实证分析与政策工具选拔[J].研究与发展管理，2003(1):36-41.

[69]肖仁桥，钱丽，陈忠卫.中国高技术产业创新效率及其影响因素研

究[J]. 管理科学，2012(5):85-98.

[70]肖泽磊,李帮义,刘思峰. 基于多维面板数据的聚类方法探析及实证研究[J].数理统计与管理，2009，28(5):831-838.

[71]薛庆根. 高技术产业创新、空间依赖与研发投入渠道[J]. 管理世界，2014(12):182-183.

[72]张华平. 高技术产业创新投入与产出灰关联分析[J]. 中央财经大学学报，2013(3):61-65.

[73]张菊花,魏立力.三角模糊数多维标度分析及其应用[J].统计与决策,2014,(18):28-31.

[74]张嘉祺，郝旭光. 中国证券监管者非理性行文的整体关联性—基于多维尺度方法的分析[J]. 财贸经济，2018,39(06)：88-100＋161

[75]张立军,彭浩.面板数据加权聚类分析方法研究[J].统计与信息论坛，2017，32(4):21-26.

[76]张优智，党兴华. 研发投入与技术创新关联性的动态分析——基于协整检验和状态空间模型的研究[J]. 科技管理研究，2014(8):8-13.

[77]郑兵云. 多指标面板数据的聚类分析及其应用[J].数理统计与管理，2008，(2):265-270.

[78]周姣，赵敏. 分区域视角下高技术产业创新效率动态变化的比较研究[J]. 科技管理研究，2015(1):65-69.

[79]朱建平，陈民肯. 面板数据的聚类分析及其应用[J].统计研究，2007，(4):11-14.

[80]庄涛，吴洪，胡春. 高技术产业产学研合作创新效率及其影响因素研究[J]. 财贸研究，2015(1):55-60.

[81]BORNEMANN LEON, etc. Data change exploration using time series clustering[J]. Datenbank-Spektrum，2018，18（2）:79-87.

[82]CARROLL J.D.，CHANG J.J.. Analysis of individual differences in multidimensional scaling via an N-way generalization of "Eckart-Young" decomposition[J]. Psychometrika，1970，35(3):283-319.

[83]CAVES D. W.，CHRISTENSEN L. R.，DIEWERT W. E.. The e-

conomic theory of index numbers and the measurement of input，output，and productivity[J]. Econometrica，1982，50（6）：1393-1414.

[84]CHARRAD MALIKA，etc. NbClust：an R package for determining the relevant number of clusters in a data set[J]. Journal of statistical software，2014，61（6）：1-36.

[85]COX M.A.A.. Analysis of stock market indices through multidimensional scaling[J]. Journal of statistical computation and simulation，2013，83（11）：2015-2029.

[86]DOUZAL CHOUAKRIA A.，NAGABHUSHAN P. N.. Adaptive Dissimilarity Index for Measuring Time Series Proximity[J]. Advances in Data Analysis and Classification，2007，1(1)：5-21.

[87]FARE R.，GROSSKOPF S.，NORRIS M.. Productivity Growth，technical progress，and efficiency change in industrialized countries：reply[J]. The American economic review，1994，84（1）：66-83.

[88]FERNANDEZ-AVILES GEMA，MONTERO JOSE-MARIA. Spatio-temporal modeling of financial maps from a joint multidimensional scaling-geostatistical perspective[J]. Expert systems with applications，2016，（60）：280-293.

[89]FRUHWIRTH-SCHNATTER S. Panel data analysis：a survey on model-based clustering of time series[J].Advances in data analysis and classification，2011，1(5)：251-280.

[90]GILES DAVID E.. Benford's law and naturally occurring prices in certain EBay auctions[J]. Applied economics letters，2007，14(3)：157-61.

[91]GIORGINO TONI. Computing and visualizing dynamic time warping alignments in R：The dtw package[J]. Journal of statistical software，2009，31（7）：1-24.

[92]HE JIAYI，SHANG PENGJIAN. Multidimensional scaling analysis of financial stocks based on Kronecker-delta dissimilarity[J]. Commun nonlinear sci numer simulat，2018，（63）：186-201.

[93]JUAREZ M. A., STEEL M. F. Model-based clustering of non-gaussian panel data based on skew-t distributions[J]. Journal of business & economic statistics, 2010, 28(1):52-66.

[94]JUDGE GEORGE, SCHECHTER LAURA. Detecting problems in survey data using Benford's law[J]. The journal of human resources. 2007, 44(1):1-24.

[95]KONSTANTAKIS K. N., etc. Economic fluctuations and fiscal policy in Europe: a political business cycles approach using panel data and clustering (1996—2013)[J].Open economies review, 2015, 26(5):971-998.

[96]KRANE WILLIAM R.. Least squares estimation of individual differences in multidimensional scaling[J]. British Journal of Mat

[97]KRILAVIČIUS TOMAS, MORKEVIČIUS VAIDAS. Mining social science data: a study of voting of the members of the seimas of Lithuania by using multidimensional scaling and homogeneity analysis[J]. Intellectual economics, 2011, 5(2):224-243.

[98]LEEUW JAN DE, MAIR PATRICK. Multidimensional scaling using majorization: SMACOF in R[J]. Journal of statistical software, 2009, 31(3):1-30.

[99]LOPES ANTONIO M., TENREIRO MACHADO J.A.. Analysis of temperature time-series: embedding dynamics into the MDS method[J]. Commun nonlinear sci numer simulat, 2014, (19): 851-871.

[100]LOPES ANTONIO M., ANDRADE JOSE P., TENREIRO MACHADO J.A.. Multidimensional scaling analysis of virus diseases[J]. Computer methods and programs in biomedicine, 2016, 131:97-110.

[101]MALMQUIST S.. Index numbers and indifference surfaces[J]. Trabajos de estadistica Y de investigacion operativa, 1953, 4 (2):209-242.

[102]MATEU JORGE,etc. On measures of dissimilarity between point patterns: classification based on prototypes and multidimensional scaling[J]. Biometrical journal, 2015, (57):340-358.

［103］MCDONALD Gary C. Ridge regression［J］. Wiley interdisciplinary reviews computational statistics，2009 (1)：93-100.

［104］MONTERO P.，VILAR J.A.. TSclust：an R package for time series clustering［J］. Journal of statistical software ，2015,62 (1)：1-43.

［105］NASCIMENTO M.，etc. Bayesian model-based clustering of temporal gene expression using autoregressive panel data approach［J］.Bioinformatics，2012，28(15)：2004-2007.

［106］NIE GUANGLI，etc. Credit card customer analysis based on panel data clustering,［J］.Procedia computer science，2010，1(1)：2489-2497.

［107］TENREIRO MACHADO J. A. . Relativistic time effects in financial dynamics［J］. Nonlinear dyn，2014，(75)：735-744.

［108］TENREIRO MACHADO J.A.，DUARTE FERNANDO B.，DUARTE GONCALO MONTERIO. Analysis of stock market indices through multidimensional scaling［J］. Commun nonlinear sci numer simulat，2011，(16)：4610-4618.

［109］TENREIRO MACHADO J.A.，EUGENIA MATA MARIA. Analysis of world economic variables using multidimensional scaling［J］. PLoS ONE，2015，10(3)：1-17.

［110］THOMAS LAMPERT，etc. Constrained distance based clustering for time-series：a comparative and experimental study［J］.Data mining and knowledge discovery. 2018，32(6)：1663-1707.

［111］TRINDADE G.，DIAS J.G.，AMBROSIO J.. Extracting clusters from aggregate panel data：a market segmentation study［J］.Applied mathematics and computation，2017，1(1)：277-288.

［112］WAN YUAN，etc. Adaptive cost dynamic time warping distance in time series analysis for classification［J］. Journal of computational and applied mathematics，2017(319)：514-520.

［113］ZOU HUI. The Adaptive lasso and its oracle properties［J］. Journal of the American statistical association. 2006,101 (476)：1418-1429.